AF453196

A. DELAIRE

SECRÉTAIRE GÉNÉRAL
DE LA SOCIÉTÉ D'ÉCONOMIE SOCIALE

ALEXANDRE GIBON

ANCIEN DIRECTEUR
DES FORGES DE COMMENTRY

SA VIE ET SES TRAVAUX

1820-1896

AVEC UNE LETTRE DE M. ÉMILE KELLER

Société de Saint-Augustin,

DESCLÉE, DE BROUWER ET Cᴵᴱ,

LILLE. — 1898.

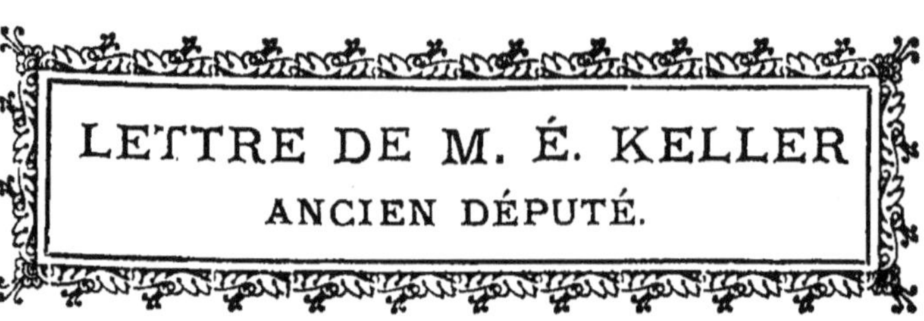

MON CHER MONSIEUR DELAIRE,

*J*E viens vous remercier, au nom des œuvres auxquelles M. Gibon s'était dévoué, et où nous l'avons connu et apprécié, d'avoir perpétué, par une biographie digne de lui, le souvenir et l'exemple salutaire de cet homme de bien.

La pensée mère qui se dégage de cette belle vie, comme de celle de votre maître commun, l'illustre Le Play, c'est la nécessité de l'union intime et souverainement féconde de la foi religieuse et de la science, pour résoudre les problèmes qui pèsent sur notre temps et pour assurer le bonheur du peuple. La science ne suffit pas, et les plus étonnantes découvertes, comme les combinaisons politiques et financières les plus ingénieuses, restent stériles, si elles ne sont pas accompagnées d'un égal progrès moral, et si les esprits restent paralysés par la sotte peur du prêtre et de la religion.

M. Gibon eut le courage de braver ce funeste préjugé et de chercher la solution de la question sociale là où elle existe réellement, et non dans les rêveries d'une démocratie et d'un socialisme de fantaisie.

Il était bien de la bonne et saine démocratie, cet orphelin frappé dès son jeune âge par l'adversité, élevé par la ville de Cambrai, luttant contre la dure étreinte de la nécessité et du découragement, et perçant à travers tous les obstacles par un labeur acharné. Sachant à quel prix il était arrivé à une grande et honorable situation, il n'était pas de ceux qui, renversant l'ordre naturel, veulent la fortune sans travail, le plaisir sans sacrifices, le pouvoir sans services rendus, et il ne pensait pas que, pour s'élever, les autres pussent s'affranchir de la loi à laquelle il avait été lui-même soumis.

Chef d'une grande industrie, il considérait comme un devoir de la tenir au niveau des progrès incessants et fiévreux des engins modernes, et en même temps il ne négligeait aucun des nouveaux systèmes de coopération et d'assurance qui pouvaient améliorer le sort de ses ouvriers. Mais il leur prêchait avant tout, avec une éloquence paternelle, le travail et l'épargne, c'est-à-dire la vertu. « Plus de dettes, leur disait-il, je n'en veux plus. Faites des économies, et, avec ces économies que vous grouperez, vous achèterez tout à bon marché. »

Pour préparer cette vie forte et régulière, le moyen était bien simple : il fallait des écoles de Frères et de Sœurs pour former des chrétiens. En quelques années, par l'union de la science et de la foi, M. Gibon était ainsi devenu le père d'une grande et heureuse famille ouvrière.

Vous entendez d'ici les clameurs des prêteurs à la petite semaine, des vendeurs à crédit, des cabaretiers et autres spéculateurs qui exploitaient jusque-là cette population. La Chambre des Députés en a retenti, et a entendu dénoncer cette merveille comme un complot clérical.

Ce débat, tout à l'honneur de M. Gibon, fut pour lui le signal de la retraite, mais non de l'inaction. A un âge où il aurait pu jouir d'un repos légitimement acquis, il redoubla de zèle et de dévouement pour les œuvres et les publications qui ont en vue le bonheur de l'ouvrier, la Société d'Économie sociale, l'Association pour le Repos et la Sanctification du Dimanche, etc.

Rien de plus lumineux, de plus pratique, que les travaux dans lesquels se résumait une expérience de quarante années ; rien de plus touchant que la foi et la piété avec lesquelles il cherchait sa force au pied des. autels, acceptant, après le travail, la souffrance, ce creuset des nobles cœurs, et se préparant à la mort avec le calme et la sérénité d'une conscience pure.

Père de famille modèle, il laisse des enfants héritiers de ses convictions et de son activité bienfaisante, et des centaines d'ouvriers auxquels il a appris à connaître les joies d'un foyer laborieux et chrétien.

Vous avez fait une bonne œuvre de plus, cher Monsieur, en mettant au grand jour cette vie modeste, tout entière consacrée au bien, et en l'offrant aux méditations de ceux qui aiment le peuple et la justice, Dieu et leur pays. A côté des brasseurs d'affaires qui entassent les richesses, tiennent la presse asservie et comptent sur l'impunité pour eux et pour leurs complices, vous nous montrez le chrétien et le citoyen soucieux de son honneur et de sa responsabilité. Ce n'est plus de la féerie, c'est la vertu dans son austère et simple beauté.

Vous nous faites voir dans la Vie de M. Gibon que la vertu n'a pas besoin d'un vaste théâtre, d'une mise en scène éclatante. Sa grandeur consiste à vaincre et non à supprimer les difficultés. Si modeste que soit sa fortune, il n'y a pas de limites au bien qu'un seul homme peut faire autour de lui, pas d'autres limites que celles de l'amour qu'il a pour Dieu et pour ses semblables.

Puisse notre ami trouver beaucoup d'imitateurs, cherchant, comme lui, dans l'union de la science et ae la foi, le remède à nos maux et la solution pratique de la question sociale !

É. KELLER,
ancien Député.

INTRODUCTION.

Un double phénomène marque, pour la France surtout, la dernière moitié du siècle finissant : l'intense développement de production industrielle qui, sous le second Empire, a suivi la création des chemins de fer, et le triste déchaînement d'antagonisme social dont notre perpétuelle instabilité politique a si fort accru les dangers.

Appelé de bonne heure à diriger de grands ateliers de travail et un nombreux personnel d'ouvriers, M. A. Gibon a été sans cesse, pendant une longue carrière, aux prises avec les plus difficiles problèmes que soulève cette double évolution, à la fois économique et sociale.

Aussi, dans le cadre modeste où elle s'est écoulée, sa vie, toute de labeur assidu et de constant dévouement, est une leçon et un exemple. Il a toujours eu pour guide la foi du chrétien et pour soutien le sentiment du devoir ; dès l'enfance, il a dû ne rien attendre que de son seul travail ; et à tout âge, il s'est largement dépensé pour les autres.

Une telle expérience est précieuse à recueillir, alors que tant de formules creuses égarent les esprits : *acta, non verba.*

Les actes de cette vie si bien remplie, il avait commencé à les raconter lui-même pour ses petits enfants dans un « Livre de raison » qu'il regrettait de n'avoir point tenu dès le lendemain de son mariage. C'est, en effet, seulement en 1879, qu'après avoir relu les beaux travaux de M. Charles de Ribbe, il s'est enfin décidé à écrire l'histoire de sa vie pour que son expérience pût profiter aux siens. « Autrefois, » dit-il au début de ces pages tracées « en présence de Dieu, » « autrefois, avant l'établissement des chemins de fer et le développement extraordinaire de l'industrie, avant la vulgarisation des faux dogmes des philosophes du XVIIIᵉ siècle, quand Dieu était adoré, la loi morale vénérée, le père de famille respecté ; quand l'autorité existait et qu'on lui rendait hommage, on restait généralement attaché au sol où l'on était né, entouré de parents ou d'amis dont on devait mériter l'estime et l'affection. On ne se préoccupait pas de la fausse liberté, on cherchait la vraie et on la trouvait dans la vérité ; on ne recherchait pas une égalité dérisoire, ridicule et impossible ; on ne jugeait pas que le droit de révolte fût le plus sacré des devoirs ; on se soumettait aux lois de l'Église, à l'autorité paternelle, aux lois de l'État, et on pouvait en paix écrire l'histoire de sa vie, le « Livre de raison » qui renfermait les annales de la famille, relatant les événements importants des années vécues et les leçons de l'expérience acquise. Mais l'existence alors était exempte des agitations et de l'instabilité qui sont aujourd'hui le partage ordinaire des familles, surtout de celles qui sont attachées à la grande industrie, et le nombre en est grand..... Rien ne serait plus précieux que de rétablir, dans les habitudes et dans les mœurs, la coutume des Livres de raison, coutume qui, généralisée, restaurerait les principes sociaux essentiels, et par conséquent relèverait la famille, la société et notre cher pays, aujourd'hui si malheureux. »

Fort incomplet est resté ce « journal » si tardivement rédigé ; il nous permettra toutefois de pénétrer dans l'intimité des pensées et des sentiments qui, de l'enfant orphelin, ont fait un homme de bien et un patron modèle.

Avec un soin pieux, M. Fénelon Gibon a recueilli ses souvenirs, depuis les jeunes années au foyer paternel jusqu'aux heures dernières des séparations suprêmes. Amis et condisciples, collaborateurs et élèves, nous ont communiqué de multiples correspondances où tour à tour se montrent, avec une sincérité familière, l'expérience éclairée de l'ingénieur, le dévouement infatigable de l'ami, la douce sérénité du chrétien.

Qu'il nous soit permis de remercier ici M. Fénelon Gibon, son beau-frère, M. Gaston

Fayolle, et tous ceux qui nous ont aidé, particulièrement MM. Hector Biver, Henri Paquet, Auguste Martenot, William Bertheault, le vicomte de Durat, Charles Hennecart, Ernest Brelay, Régis Faure, Henri Vanwtberghe. Si nous avons écrit les pages qu'on va lire, ce sont eux qui en ont dicté la plupart : elle sont ainsi un commun hommage rendu à une mémoire chère et vénérée.

TABLE DES MATIÈRES.

LETTRE DE M. ÉMILE KELLER V

INTRODUCTION IX

ALEXANDRE GIBON, SA VIE ET SES TRAVAUX.

CHAPITRE PREMIER

Les années d'étude. I

CHAPITRE DEUXIÈME.

Les débuts de la carrière 14

CHAPITRE TROISIÈME.

Les Forges de Montataire. 23

CHAPITRE QUATRIÈME.

Les Forges de Commentry 36

CHAPITRE CINQUIÈME.

Le soir de la vie. 75

ANNEXES.

BIBLIOGRAPHIE raisonnée des publications principales
de M. A Gibon. 97

DISCOURS prononcés aux funérailles :

1° A Paris, par M. H. Rémaury, A. Delaire et E.
Cheysson 114

2° A Montluçon, par MM. Joseph Teillard et Ch. Mesuré. 125

é
tr
ru
te
ca
le
u
m
q
e
to
re
d
le
n

ALEXANDRE GIBON

SA VIE ET SES TRAVAUX
1820-1896.

CHAPITRE PREMIER.

Les années d'études.

ALEXANDRE GIBON est né à Cambrai le 13 août 1820. Son père était comptable, sa mère tenait une maison de commerce, mais dans cet intérieur modeste, dont il avait conservé le souvenir ému, tout était ordre et travail, harmonie heureuse et bonheur tranquille. Qui aurait pu croire que le deuil et la ruine fussent si proches ! Tout à coup, le choléra sévit terrible dans la ville épouvantée par la rapidité des catastrophes. La famille d'Alexandre Gibon fut cruellement frappée : un oncle d'abord, puis une fille, ensuite une grand'mère ; une seconde fille est terrassée ; la mère, atteinte à son tour par la contagion, succombe en quelques heures ; le père se hâte d'éloigner les enfants, et le lendemain lui-même est porté au cimetière. Ainsi tout à coup trois orphelins, Alexandre, Elvire et Emile — l'aîné avait douze ans — restaient presque sans ressources, dans l'isolement morne d'une maison abandonnée. L'estime qui avait entouré leurs parents était leur seul héritage — ce fut leur salut.

« Le grand malheur qui nous avait frappés d'une manière si violente et si imprévue, avait ému la ville de Cambrai. Quand on nous sut absolument ruinés, l'émotion devint très vive ; on se rappela les qualités de nos bons parents, et la ville ne voulut pas nous abandonner : ma sœur fut placée dans la maison d'éducation de Sainte-Agnès, et j'allai au collège. Nos parents étaient morts depuis quinze mois, j'avais treize ans passés ; on me fit subir un examen et j'entrai en huitième pour quelques semaines seulement, après lesquelles on me jugea capable de suivre la septième ; mais j'étais bien faible. Avant d'aller plus loin, je veux déjà remercier DIEU de sa bonté pour les deux orphelins. Il est certain, et je l'ai su bientôt, que dans cette année 1832-1833 je fus menacé cent fois de ne pouvoir faire mes études ; on songea à me faire apprendre un état. Je fus protégé par les bons souvenirs de mes chers parents, par l'estime et l'affection qu'on avait pour mon oncle, et aussi par les heureuses dispositions que quelques maîtres avaient signalées chez moi... C'est M. Fénelon Farez, avocat distingué à Cambrai, membre du conseil municipal et de la commission du collège, qui prit ma cause en mains et me fit obtenir une bourse de cinq cents francs par an, sans laquelle il m'eût été impossible de faire mes études. Les sentiments de gratitude que je dois à M. F. Farez sont profondément gravés dans mon cœur, et ils y resteront jusqu'à mon dernier jour. »

Ce n'est pas que tout fût rose pour le jeune écolier, accueilli comme un intrus pauvre et humilié par ses nouveaux camarades. « J'étais, dit-il, en septième et au dernier rang. J'avais ainsi toutes les humiliations. Je me rappelle bien aujourd'hui le jour où mon nom fut prononcé le dernier ; c'était la première composition, et il me fallut beaucoup d'efforts pour cacher mes larmes. Je me rappelle aussi bien ce jour que je me souviens de celui où, quelques mois après, mon nom était proclamé le premier ; j'avais peut-être plus de peine encore à contenir ma joie que je n'avais eu d'efforts à faire quelques mois auparavant pour dissimuler mon chagrin. Que cette vie de lutte, quand on la prend au sérieux, offre d'attraits aux jeunes gens ! » Les premiers exemples de labeur assidu que l'enfant avait reçus de ses parents au foyer familial, avaient, on le voit, trempé son énergie. Dès la fin de l'année scolaire, trois prix et de nombreux accessits marquèrent pour ces efforts des succès qui s'affermirent de classe en classe.

Dans la monotonie de cette vie d'écolier, il est peu d'incidents à relever. Une fois pourtant, au cours de la cinquième, A. Gibon fut sur le point d'être renvoyé du collège. Au début d'une importante composition, un de ses camarades fit une espièglerie : le maître se méprit, tança vertement A. Gibon et, se fâchant de sa timide protestation, le chassa de la salle en demandant au principal le renvoi immédiat de l'élève raisonneur. Celui-ci, plutôt que de dénoncer son condisciple, allait partir, quand une démarche de la classe entière rétablit la vérité ; A. Gibon resta, mais la composition était manquée et le prix perdu. C'est aussi vers le même moment, qu'admis à l'Académie de Cambrai, A. Gibon commençait à développer son goût pour la musique. Solfège, flûte, trios et quatuors absorbaient une large part de ses récréations.

Les vacances, qui comportaient de libres voyages à pied et de longues promenades à Béthune, à Douai,

avec des camarades aimés, Alfred Paquet, Hippolyte
Castille et Henri Catoire, se passaient chez des parents
et des amis choisis. « Mes chers enfants, dit à ce sujet
le *Journal*, je vous recommande ce que j'ai toujours
fait dès mon jeune âge : recherchez la société des gens
de mérite, de ceux qui sont estimés pour leur bonne
tenue et leur conduite. Recherchez en même temps la
société des personnes vis-à-vis desquelles vous êtes
obligés de vous observer ; les relations trop faciles ne
développent pas les sentiments de respect qu'on se
doit dans une société plus élevée, et par conséquent
plus difficile. Cette recommandation s'adresse surtout
aux jeunes gens, et je leur conseille principalement
la société des femmes distinguées à la fois par leur
caractère et par leur instruction. »

Toutefois, Alexandre Gibon avait à vaincre une
timidité naturelle accrue encore par le sentiment de
sa situation précaire et par la crainte de paraître intéressé. C'est ainsi que le pauvre collégien osait à peine
en 1836 aller rendre visite à Lille à un parent riche,
M. Vasseur, maître de forges à Anzin. Celui-ci pourtant,
père d'une nombreuse famille, le reçut paternellement,
et plusieurs de ses fils l'accueillirent en camarades.

« C'est Émile qui me conduisit au Sacré-Cœur faire
visite à mes cousines. Laurence et Virginie étaient
jumelles et s'aimaient profondément. On nous fit entrer
dans un petit parloir, où se tenait une religieuse, et là,
aussitôt les présentations faites, nous fîmes partie
carrée sur quatre tabourets. Mes cousines portaient
des robes de soie noire ; elles étaient très affables, très
gracieuses, ne songeant qu'à nous mettre à l'aise ; pour
moi, ces jeunes personnes si bien mises étaient de véri-

tables grandes dames, et certainement, si je ne fus pas très gauche, j'étais du moins fort embarrassé et fort timide. Toutefois, la conversation ne languissait pas : on avait tant à se demander, et j'avais tant à raconter de ma vie et de mes épreuves ! Virginie était petite, délicate, sérieuse, excellente ; Laurence, mieux portante, aussi distinguée d'ailleurs que gracieuse de visage ; elle produisit sur moi une vive impression. Toutes deux me firent l'accueil le plus affectueux et le plus fraternel ; le pauvre orphelin était bien dépaysé, mais bien aimé. Nous nous quittâmes en disant à bientôt. J'étais loin de supposer que dix ans après cette visite, je serais l'heureux mari de votre bonne mère. »

Les relations de parenté heureusement renouées ainsi se resserrèrent encore dans les chagrins partagés qu'amenèrent la maladie et la mort d'Émile Vasseur, et aussi dans l'intimité des séjours de vacances à Anzin. C'est là qu'en août 1838, le futur ingénieur, pour la première fois, sentit l'odeur spéciale du fer en fabrication et assista aux spectacles variés d'une grande forge en activité. Quelques mois auparavant, M. Vasseur, venu exprès à Cambrai, s'était préoccupé de la carrière de son jeune parent d'une manière décisive : sur ses conseils expérimentés et grâce à une promesse d'aide matérielle, le collégien, au lieu d'achever ses études littéraires en vue du professorat, dut passer de suite en philosophie, acquérir les connaissances scientifiques et se préparer ainsi à entrer à l'Ecole centrale des arts et manufactures.

Fondée en 1829, cette célèbre Ecole, maintenant connue du monde entier, était encore à ses débuts. Elle réunissait une pléiade de professeurs éminents, tels que J.-B. Dumas, Péclet, Payen, Ollivier, etc.; elle avait déjà quelques promotions placées dans l'industrie ou les chemins de fer, et les esprits éclairés devinaient quel brillant avenir s'ouvrait dans cette voie devant les jeunes gens laborieux et bien doués, comme l'était Alexandre Gibon. Aussi, avec quelle ardeur, au retour d'Anzin, il se remit à l'étude dans sa nouvelle classe de mathématiques et de philosophie! Le succès fut digne de ses efforts.

« Je n'ai jamais vu de distribution de prix plus solennelle que celle du collège de Cambrai. Elle se faisait dans la grande salle de l'Hôtel-de-Ville, en présence des autorités; toutes les familles y assistaient, une musique de régiment y donnait son concours. En philosophie, la distribution fut une ovation pour votre père. M. Farez présidait et me remettait lui-même tous mes prix; il trouvait un mot du cœur à dire chaque fois que je me présentais pour les recevoir. On pensait encore partout, je le sentais, au malheur qui nous avait frappés en 1832 : la ville avait un enfant; on m'applaudissait comme un orphelin qu'on avait adopté et dont les succès justifiaient tous les sacrifices faits pour lui. Le lendemain de la distribution des prix, je fis mes visites partout. Quel accueil ! Quels heureux moments ! Que de vraie joie et de bonheur intérieur ! Mon cher oncle était plus heureux que moi. »

Quelques semaines encore furent employées, toujours sous la direction de son dévoué professeur de mathématiques, M. Vanwtberghe, à préparer les examens d'admission à l'Ecole centrale, qui se passaient alors en province devant les professeurs des collèges. Les épreuves furent brillamment soutenues; le conseil municipal vota une bourse de 800 francs, et Alexandre Gibon, plein d'une juste confiance dans le résultat définitif, vint achever à Anzin des vacances bien méritées, avant de prendre la route de Paris.

En novembre 1839, le futur métallurgiste entrait à l'Ecole centrale, reçu le 17e sur 170 admis parmi plus de 300 candidats. Ce fut là, à coup sûr, la plus rude période de sa vie, et son énergie, pourtant déjà bien trempée, sembla parfois l'abandonner. Dès le début, en effet, la question d'argent s'était dressée angoissante : il devait à son tuteur, pour les frais de son éducation, plus de 2.000 fr. ; il n'avait pour vivre à Paris que sa bourse de 800 fr., à laquelle, malgré ses promesses, M. Vasseur, mal engagé dans des affaires trop considérables, ne pouvait ajouter qu'un insignifiant subside de 100 fr. par an. Aussi, en face de cette impossibilité de s'acquitter du passé et de subsister dans le présent, fut-il grandement question de ne point aller à l'Ecole centrale et de chercher un petit emploi. Il partit toutefois, un peu aidé par le dévouement infatigable de son oncle, encouragé aussi par l'estime et l'affection des amis choisis dont il s'était toujours plu à cultiver les relations, mais plein d'incertitudes et d'appréhensions trop motivées.

Rien n'est plus émouvant que de suivre presque jour par jour, dans son « Livre de raison », les péripéties de ces années de lutte. Il fallait à l'Ecole soutenir un travail acharné pour se maintenir en bon rang, et malgré les plus pénibles privations, sans distraction aucune, lié seulement avec quelques Cambrésiens, ne connaissant de Paris que la tristesse de l'isolement dans

la foule des inconnus, il était sans cesse menacé de
manquer du plus strict nécessaire.

Aussi précaire était la position de son camarade,
Henri Catoire, avec lequel il s'était logé dans une
chambrette exiguë, à un 6e étage du quai de Béthune,
et les deux amis, trop souvent, étaient contraints de
réduire à une maigre pitance leur frugal souper. « Tous
mes efforts ne pouvaient abaisser mes dépenses au-
dessous de 120 à 130 fr. par mois. Je me souviens
qu'une fois, sur le pont des Arts, je causais avec
M. Arnoux, mon richissime correspondant (1), qui sortait du Conseil de la *Compagnie des Messageries*, rue
Saint-Honoré ; il me demandait de lui préciser mon
budget, et je lui expliquais naïvement que, pour m'en
tirer, ou plutôt pour réaliser le plus d'économies possi-
bles, il fallait me priver de potage qui m'aurait occa-
sionné une dépense de 6 fr. par mois : « Ah! par
exemple, me dit M. Arnoux, je ne veux pas de cette
privation-là ; vous prendrez vos potages, et j'en fais
mon affaire. » Et l'excellent homme me remettait
72 fr. J'avais gros cœur de me trouver réduit à une
aussi navrante situation. »

On voit assez, par ce petit trait, combien dure était
l'épreuve. Chagrins et soucis de famille venaient encore
attrister celui qui luttait si péniblement : tandis que sa
sœur Elvire grandissait triste et isolée, toujours cloî-
trée à Sainte-Agnès, le plus jeune des orphelins suc-
combait, le 17 janvier 1840, à l'âge de huit ans. Malgré
tant de difficultés, Alexandre Gibon conserva son

---

1. Industriel de Cambrai, M. Arnoux, qui avait connu M. Gibon
père et était lié avec M. Fénelon Fayez, était alors administrateur des
Messageries Laffitte et Caillard.

rang aux examens de fin d'année, et M. Bardin, directeur de l'Ecole, lui donnait pour notes : « Bon élève, bonne tenue, bonne conduite, mérite toute espèce d'encouragements. »

La ville de Cambrai, sur la demande de M. Farez appuyée par la direction de l'Ecole centrale, éleva la bourse à 1.300 fr. Néanmoins, les embarras d'argent sans cesse renaissants, le souci d'un arriéré de plus en plus lourd, entravaient des études difficiles et chargées qui auraient dû absorber toutes les énergies de la pensée pendant 16 à 18 heures par jour. A bout de forces, atteint dans sa santé, incapable de subir les examens à la fin de la deuxième année et obligé de la redoubler, Alexandre Gibon aurait lâché pied, et déserté le combat pour aller chercher le pain quotidien dans le calme d'un petit emploi, si M. Arnoux d'abord, M. Farez ensuite, avec une sévérité bienfaisante, n'avaient menacé d'abandonner celui qui s'abandonnait lui-même.

« J'ai été, écrit M. Farez, peu satisfait de votre silence. J'aurais pu délaisser une cause que vous-même ne paraissiez plus disposé à défendre : je ne l'ai pas voulu. Pour votre honneur et pour celui de vos patrons, à la tête desquels je veux rester tant que vous ne me forcerez pas à quitter ce poste, prenez une bonne résolution et surtout exécutez-la. Vous avez à reconnaître les bienfaits de la ville de Cambrai et à tenir les engagements de ceux qui ont répondu de la générosité de vos sentiments. Concentrez toutes vos pensées sur les études sérieuses qui doivent assurer votre avenir. »

Le repos des vacances lui rendit l'énergie nécessaire

pour l'accomplissement du devoir si fermement tracé. Revenu à Paris, il trouva chez des parents, d'une situation modeste, mais d'un cœur dévoué, un chaud foyer qui l'abrita pendant les deux dernières années de ses études d'ingénieur, le réconfortant par les affections de famille et l'affranchissant des soucis quotidiens.

De Charonne où il habitait ainsi, il avait, quelque temps qu'il fît, une grande heure de marche pour venir à l'Ecole ou pour rentrer ; il travaillait deux heures avant le dîner de famille et, dès huit heures et demie, il se remettait à la besogne. « C'était l'heure réglementaire. Je revoyais mon cours ou je préparais mes examens. Jamais, je crois, en ces deux années, le dimanche excepté, je n'ai quitté le travail avant une heure du matin, quelquefois plus tard. Tout allait bien à l'Ecole, sous tous rapports. J'avais choisi, comme spécialité, la métallurgie. Dès le premier trimestre, je passais un excellent examen qui me rétablit complètement dans l'esprit de mes professeurs. Je n'ai pas souvenir de m'être dérangé une seule fois pendant ces deux dernières années. Je repris très vite mon rang à l'Ecole. »

Aussi, n'avait-il plus que de bons résultats à annoncer à ses protecteurs.

Les vacances qui interrompirent en 1842 cette dure période de travail, se passèrent encore avec la famille Vasseur. Il y était reçu en fils, en frère, partageant les joies et les épreuves de ses parents. Un petit fait qu'il raconte familièrement, le montre prévenant et enjoué à ce foyer ami et fait comprendre les sympathies qu'il inspirait. « C'était pendant la foire de Valenciennes. Nous avions passé la journée à la fête, courant partout et faisant divers achats d'objets utiles à la maison, surtout pour l'hiver. Le soir après-dîner, on énumérait les achats, et Madame Vasseur se prit à regretter de n'avoir pas acquis des abat-jour que nous avions vus, qui lui plaisaient et qu'elle ne pourrait retrouver, car c'était le dernier jour de la foire. Le petit château d'Anzin, que la famille Vasseur habitait, était à deux kilomètres de la ville ; je ne soufflai mot, je sortis et, prenant le chemin le plus court, ne fis qu'un saut jusqu'à Valenciennes, on allait fermer les portes. Courir chez le marchand, prendre les objets, revenir au plus vite, ce fut à peine l'affaire d'une demi-heure. Je rentre au salon, on ne s'était pas aperçu de mon absence. Presque aussitôt, le domestique apporte les abat-jour. On s'écrie que la sorcellerie s'en est mêlée, on reconnaît le coupable, on l'accuse, on le félicite ; au fond, on reconnaît son obligeance et on l'en aime mieux. C'est ainsi, en effet, mes chers enfants, qu'on se fait aimer. »

Cette aimable prévenance, ce désir d'être utile apparaissent là chez le tout jeune homme, à propos de menus incidents : plus tard, chez l'homme fait, les mêmes sentiments inspireront le dévouement qui le fit, si souvent, dans des cas graves, assumer de grosses responsabilités, ou même consentir à de lourds sacrifices pour servir ses amis.

Pendant toute la dernière année, il poursuivit son travail « avec le plus grand cœur, le plus ferme espoir de succès. » Tout fut mis en œuvre pour le soutenir dans son labeur. Son oncle, ses parents ou ses protecteurs, M. Farez surtout, l'encourageaient par une correspondance suivie. « J'ai appris avec joie, écrivait ce dernier en janvier 1843, les détails que vous me donnez sur les résultats de votre travail de vacances et sur les numéros de mérite que vous ont valus vos examens. Je sais que vous avez à l'Ecole centrale une bonne situation, que vous travaillez avec ardeur, et que vous faites tout ce qui dépend de vous pour obtenir de nouveaux succès. Courage, mon cher ami... je vous remercie de vos bons souhaits, recevez les miens ; les plus belles étrennes que vous puissiez me donner en janvier 1844, ce sera le diplôme d'ingénieur métallurgiste, et j'y compte. » Et encore le 17 juin : « Je suis heureux d'apprendre vos derniers succès, continuez vos efforts, vous touchez au but. »

Bientôt, en effet, il subissait brillammment l'épreuve définitive, et sortait de l'École centrale, avec brevet, le cinquième des ingénieurs métallurgistes. C'était fort beau et bien mérité.

« Je partis de suite pour Cambrai ; j'y fus reçu en enfant gâté. Le malheureux orphelin, l'enfant adopté par la ville, avait eu un diplôme d'ingénieur. Ce n'était pas commun alors. — M. Farez et mon bon oncle m'accueillirent à bras ouverts : ils étaient plus heureux que moi. Je me souviens que deux ou trois jours après, à une cérémonie publique qu'il présidait, M. Farez annonça mon succès avec émotion. Au moment où il parlait, tout le monde avait les yeux sur moi ; dès qu'il eut terminé, un commun applaudissement approuva ses paroles et me fit comprendre, mieux que jamais, ce que je devais au dévouement de mon protecteur et à la générosité de la ville. »

Moins de quinze jours après, Alexandre Gibon rentrait à Paris pour y chercher une situation. Non seulement il n'avait rien, mais il demeurait chargé d'une dette considérable envers son oncle qui l'aidait depuis le début, et envers la famille Hurez qui l'avait eu deux ans à son foyer.

Malgré les difficultés d'un début dans des conditions pénibles, actif et studieux, il eut vite un travail suffisant pour occuper toutes ses heures et pour subvenir aux exigences de la vie.

Désormais il allait lentement, mais sûrement franchir les étapes successives d'une carrière toujours en progrès.

Jeune homme, il continua de développer les qualités fortes et aimables qui, presqu'enfant, le faisaient déjà partout apprécier : laborieux et appliqué dans les affaires sérieuses, obligeant et enjoué dans les rapports usuels, cultivant, avant tout, les relations d'une société choisie.

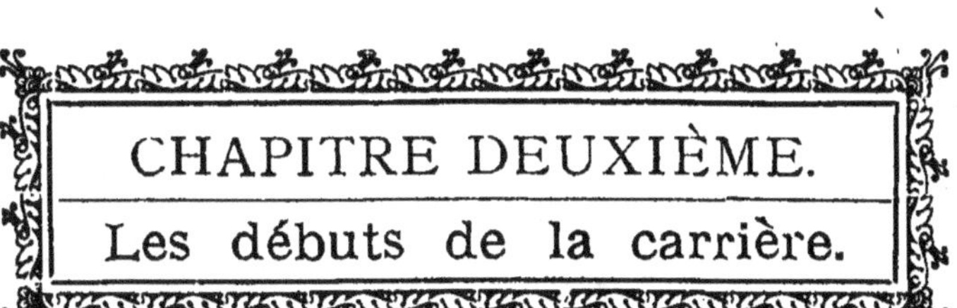

CHAPITRE DEUXIÈME.
Les débuts de la carrière.

FORTEMENT trempé dans la douleur et l'épreuve dès la première jeunesse, le caractère d'Alexandre Gibon était, de bonne heure, virilement formé. Tel il apparaît après les brillants succès de ses examens, au début de sa carrière, tel il demeura en en parcourant les étapes à travers d'importantes positions ; tel il était encore dans une verte vieillesse qui ne connut pas de retraite : laborieux presque sans mesure ; préoccupé, avant tout, de ses devoirs d'ingénieur, plus tard, de sa responsabilité de chef d'usine ; toujours prêt, sans compter sa peine, à servir ses parents, ses amis, comme les membres de sa famille ouvrière ; s'associant avec un généreux dévouement à tous les efforts capables d'améliorer le sort des classes laborieuses ; exerçant sur des esprits d'élite une influence morale discrète et bienfaisante ; n'oubliant jamais que ce sont les âmes qu'il faut guérir pour servir la patrie et assurer la paix sociale ; puisant enfin aux sources mêmes de la foi chrétienne le courage et les espérances éternelles.

Aussi pouvons-nous, maintenant que nous le connaissons déjà mieux, feuilleter plus rapidement le *Journal de sa vie.*

Grâce à ses relations avec M. Arnoux, le jeune ingénieur trouva de suite à Paris l'emploi de ses talents comme répétiteur de mathématiques dans une école préparatoire, comme collaborateur à diverses publications, et entr'autres au *Dictionnaire des Arts et Manu-*

factures de Ch. Laboulaye. Quelque intéressants et cordiaux que fussent ses rapports avec ce dernier surtout, auprès duquel, dans de fréquents entretiens, il s'instruisait et se formait, ce ne pouvait être là qu'une situation d'attente. Il n'y resta pas longtemps, en effet, et, après quelques mois, il fut appelé à diriger l'usine à gaz d'Arras. C'est là qu'il trouva ce premier succès qui partout cause une joie si vive et laisse d'ineffaçables souvenirs. On ne savait point alors utiliser les goudrons que donne abondamment la distillation de la houille et dont la chimie moderne a su tirer tant de « sous-produits » précieux. Pour se débarrasser de ces goudrons encombrants, on en était réduit, à l'usine d'Arras, à les employer, au lieu d'eau, pour le service des gazomètres. Alexandre Gibon inventa un four spécial qui permit la consommation avantageuse de ces combustibles perdus, et qui fut aussitôt connu et imité ailleurs. Longtemps après, l'ingénieur aimait à se rappeler les émotions heureuses de cette première lutte avec les difficultés pratiques de l'exploitation industrielle.

Allié à plusieurs des familles les plus honorées de la ville, bien accueilli partout, Alexandre Gibon aimait la vie du monde dans la société choisie, et savait ainsi remplir les rares loisirs d'une carrière de labeur intense.

Bientôt, d'ailleurs, le travail fut pour lui encore plus absorbant. Après un an de séjour, en effet, il avait quitté, en 1845, la direction de l'usine à gaz pour devenir ingénieur des ateliers de M. Hallette, grand constructeur de machines à Arras. Celui-ci était un inventeur fécond et un praticien émérite, plutôt qu'un homme de science et de plume. Sans cesse en relation avec d'éminents correspondants de France ou d'Angleterre, Arago, Séguier, Stephenson, Mallet, Brunel, Cubitt, etc., il avait besoin qu'on justifiât par la théorie les résultats que son expérience sagace avait su prévoir et obtenir.

Alexandre Gibon ne pouvait que gagner beaucoup dans un commerce de tous les instants avec cet infatigable travailleur qui, en toute saison, commençait sa journée bien avant 6 heures du matin.

Un trait, entre autres, montre son inflexible régularité dans le labeur : le lendemain d'une soirée à la préfecture où ils avaient été tous deux et dont ils étaient l'un et l'autre revenus fort tard, M. Hallette était à son cabinet le premier et, quand son jeune collaborateur le rejoignit quelques minutes seulement avant six heures, il s'inquiéta de sa santé avec une sollicitude étonnée pour lui faire comprendre qu'il était en retard sans motif valable.

Au milieu d'une infinité de machines pour l'industrie, les chemins de fer, la marine, M. Hallette avait une invention de prédilection, un système de chemin de fer atmosphérique qui fut expérimenté entre Paris et Saint-Germain, mais dans des conditions qui rendaient le succès impossible. Alexandre Gibon, qui avait déjà étudié auprès de M. Arnoux l'ingénieux mécanisme des chemins de fer sur courbes (longtemps en usage sur la ligne de Paris à Sceaux), rédigea, à cette époque, le premier de ses travaux, une série d'articles sur l'industrie des chemins de fer. Ils parurent dans un journal très répandu alors, le *Progrès du Pas-de-Calais*, précisément en même temps que ceux fort retentissants où le prisonnier de Ham, qui moins de six ans après devait être Napoléon III, exposait ses idées sociales.

C'est vers le même moment que s'accomplit un événement considérable pour Alexandre Gibon : il épousa, le 29 avril 1846, sa cousine Laurence Vasseur. Dès leur première rencontre, dix ans auparavant, on s'en souvient, les jeunes gens s'étaient plu, les relations de famille les avaient souvent réunis. Bien des incidents pourtant avaient paru contraires à tout projet de mariage. La jeune fille avait vu presque disparaître sa dot dans les revers de fortune qui avaient atteint sa famille, quoi qu'on ne les avouât pas. De son côté, l'ingénieur de M. Hallette était loin d'avoir pu liquider le passif de ses années d'éducation. Ce qui semblait les éloigner les avait rapprochés davantage, et ils voulurent s'unir pour traverser ensemble les épreuves inconnues de la vie, confiants dans la bonté de la Providence et dans l'énergie de leur courage.

Les difficultés, en effet, ne tardèrent pas à naître : peu de semaines après le mariage, au lieu de rester avec les siens, à proximité de Lille et de Cambrai, Alexandre Gibon dut accepter une mission délicate en Angleterre. Il s'agissait d'y construire, à Peckham, un tronçon de ce chemin de fer atmosphérique qui était l'œuvre préférée de M. Hallette, et surtout d'y constituer ensuite une Compagnie spéciale pour en développer l'exploitation sur une grande échelle. Quatre mois se passèrent à Londres en efforts infructueux ; mais ce long séjour permit au jeune ménage de goûter les premiers charmes d'une vie intime et de contracter quelques amitiés durables, double souvenir qui, pour lui, éclairait encore d'un doux reflet le soir de la vie.

Si actif fût-il, le travail, d'ailleurs, laissait bien des heures de liberté pour des visites et des excursions à travers la vie intense de la Cité, l'immense étendue de la ville ou la gracieuse verdure de ses campagnes, sans parler des relations devenues bien vite amicales avec quelques-unes de ces bonnes familles protestantes, aux mœurs chrétiennes, aux habitudes simples.

En même temps « nous trouvions, dit le *Journal*, dans le *Family House* que nous habitions, une distraction des plus agréables : une grande partie de ses hôtes étaient des artistes italiens fort distingués. Ils faisaient beaucoup de musique entre eux, et c'était une étude ; mais, en outre, ils étaient liés avec les artistes du théâtre italien et les recevaient une fois chaque semaine. C'étaient à cette époque : Rubini, Tamburini, Lablache, Mme Persiani, etc...... On nous invitait alors à ces soirées, véritables concerts des plus charmants, par le talent, la distinction et l'intimité. Tous ces artistes, les uns très riches, les autres peu fortunés, vivaient fraternellement et s'entr'aidaient. Pour nous, qui aimions beaucoup la musique, qui l'avons toujours aimée et l'aimerons toujours, c'était un grand bonheur, et d'autant plus apprécié que nous le goûtions à l'étranger. »

Mais un malheur imprévu imposa un retour précipité. M. Hallette était mort inopinément ; sa disparition avait entraîné des conséquences inattendues, et sa maison était en liquidation (novembre 1846).

Alexandre Gibon se retrouvait sans emploi et en partie même privé de ce qu'il était en droit d'attendre. Le coup fut rude. « Quel bonheur, écrit-il alors, avec cette énergie qui ne se laissait pas abattre, quel bonheur de sentir, dans ces moments difficiles, qu'on a du courage et qu'on ne faillira pas ! Laurence n'a pas hésité : nous ferons ce que nous pourrons, mais nous nous suffirons. Pour moi, j'étais plein de confiance. »

Cependant, pénibles étaient les adieux, car il fallait quitter Arras, se séparer de la famille, et comme jadis, revenir à Paris chercher une position nouvelle. Et cela sans avoir aucune réserve, car la situation de plus en plus embarrassée de M. Vasseur, malgré des apparences de luxe, l'empêchait et devait l'empêcher toujours de servir la rente qui constituait la dot promise.

Bien modeste aussi fut leur installation première, à l'hôtel du Bel Air, dans la rue des Enfants-Rouges, non loin du restaurant Bonvallet où ils allaient prendre leur dîner. Ils se sentaient d'abord un peu perdus dans cette grande ville, où ils avaient du moins le plaisir de rencontrer les amis des années d'études, Henri Catoire, Victor Thomas, Hippolyte Castille, et aussi de se rapprocher de leur sœur Elvire Gibon, qui avait trouvé une position convenable dans une maison de commerce parisienne.

Par une heureuse coïncidence, précisément aux premiers jours de l'année 1847, M. Arnoux constituait, avec la maison Gouin, une société pour exploiter un groupe de forges, situées dans le Berri, à Rozières, à Bourges, aux Lavoirs, etc., et appartenant au marquis de Boissy. Alexandre Gibon fut attaché à cette affaire naissante, d'abord pour préparer les projets et devis, puis pour surveiller les usines, bientôt pour en diriger la rénovation. L'avenir s'annonçait meilleur, quand une joie attendue se changea en un chagrin nouveau.

Madame Gibon avait douloureusement ressenti les soucis et les fatigues de ces derniers mois : elle donna prématurément le jour à un enfant délicat que DIEU rappela à lui quelques jours après, et dont le court passage laissa une ombre triste sur leur vie éprouvée.

Cependant les travaux industriels d'Alexandre Gibon grandissaient rapidement. « J'étais à peine depuis quelques jours dans l'affaire, que M. Arnoux me chargea d'une mission à Bourges ; il s'agissait de réparer une soufflerie qui depuis longtemps marchait dans des conditions désavantageuses. C'était une affaire pour moi, un premier pas, un premier acte, si souvent décisif dans une nouvelle position. Je fus très heureux, je trouvai de suite la cause de la mauvaise marche ; la réparation fut faite en quelques jours, à la satisfaction de tous, et surtout à la mienne. Je profitai de ce voyage pour visiter toutes les usines de la Compagnie. »

Bientôt, en effet, on dut reconnaître que tout était à renouveler, et l'outillage arriéré, les souffleries impuissantes, la force motrice insuffisante, la direction routinière, avec son labeur sans efforts et partant sans résultats. On venait d'engager sous la direction d'Alexandre Gibon cette transformation coûteuse, quand éclata soudain la Révolution de février. La France n'était point alors, comme elle le fut plus tard, familiarisée avec l'instabilité et résignée à l'aventure. Aussi les intérêts alarmés s'effarouchèrent. La panique fut générale, nombre de maisons de banque durent suspendre leurs paiements, M. Gouin entre autres. La suppression de ce crédit indispensable mettait la Société Arnoux dans l'impossibilité de continuer ses opérations et la réduisait à une prochaine dissolution.

Après de longues hésitations, il fallut s'y résoudre, et la tâche difficile de liquider cette affaire échut à celui qui aurait dû la conduire et la développer. Alexandre Gibon s'installa à Bourges, dans une petite maison, sur les bords de l'Auron, et fut absorbé par cette mission ingrate un peu au-delà même des années 1849 et 1850.

Là un fils, né le 15 octobre 1850, et qui par reconnaissance envers l'excellent M. Farez reçut le nom de Fénelon, vint dédommager le jeune ménage des épreuves passées ; et moins de deux ans après, la naissance d'une fille, Eugénie, apportait une seconde fois, au foyer familial, tout ce que les berceaux renferment de joies et d'espérances. Mais la famille alors avait quitté le Berri pour la Lorraine, et résidait aux portes de Metz, à Ars-sur-Moselle.

Dès qu'il eut en effet terminé à Bourges le long labeur dont les circonstances lui avaient imposé la charge, Alexandre Gibon fut appelé à Ars-sur-Moselle par MM. Dupont et Dreyfus. Une partie des années 1851 et 1852 fut employée à la construction de l'usine Saint-Benoît et à l'aménagement de l'usine Saint-Paul, qui venait d'être achetée et qui devait prendre un peu plus tard tant d'importance, sous l'habile direction de M. Remaury.

Là, comme dans les autres fonctions qu'il avait remplies, Alexandre Gibon avait fait preuve de mérites divers rarement réunis : la science, le caractère, la volonté, le commandement, qui le signalaient aux chefs des grandes entreprises. La période pénible des essais successifs, des affaires temporaires, des missions de courte durée, allait être close pour lui ; à la fin de

1852, il était appelé comme sous-directeur aux Forges
et fonderies de Montataire, dont il assumait la direction
cinq ans plus tard.

Il avait enfin trouvé sa voie, il abordait le terrain
où se développera désormais sa féconde activité ; il
commençait vraiment sa carrière de chef d'usine, savant
et habile, de patron dévoué à son personnel ouvrier.

LES Forges de Montataire, écrit un directeur qui, dix ans après le départ d'Alexandre Gibon, y retrouvait encore vivant son souvenir (1), « les Forges de Montataire, qui occupent actuellement une superficie de plus de 15 hectares, ont pour origine un petit laminoir à fer établi en 1807 sur une belle chute d'eau, formée par la rivière du Thérain près de son confluent avec l'Oise. MM. Mertian frères, d'abord associés au fondateur de cette usine et devenus seuls propriétaires en 1813, y installèrent en 1818 la fabrication des fers blancs, jusqu'alors inconnue en France. Elle leur valut, aux expositions de 1819 et de 1823, une médaille d'or et la croix de la Légion d'honneur. Puis, augmentant progressivement leur industrie métallurgique, ils constituèrent, en 1840, une société anonyme qui n'a pas cessé depuis lors de donner aux Forges de Montataire un accroissement de plus en plus considérable.

» Mais elle développa la production avec prudence, au fur et à mesure que les débouchés s'ouvraient devant les produits, et sans apporter de perturbation métallurgique, comme le font certaines grandes usines qui surgissent tout à coup pour faire valoir les capitaux de spéculateurs plus ou moins habiles.

» La fabrication qui, en 1823, n'était encore que de

---

1. W. BERTHEAULT, *Monographie d'un Canton industriel*, et, dans *Les Ouvriers des Deux Mondes*, Monographie du Charron des Forges et fonderies de Montataire.

3 tonnes par jour, a atteint, dans ces dernières années, 130 à 140 tonnes, soit près de 40.000 tonnes par an. Ce sont des fers en barres, des tôles de fer ou d'acier de toutes dimensions, noires, galvanisées, plombées ou étamées, des fers blancs, des pièces moulées en fonte et en acier, etc.... »

Le personnel ouvrier, qui s'est toujours montré fort attaché aux ateliers, même quand des crises industrielles ralentissaient le travail et provoquaient de pénibles chômages, s'est élevé pendant les meilleures périodes jusqu'à 2.000 ouvriers, dont près d'un tiers d'origine flamande. « Il y a 30 ou 40 ans, en effet, lorsque les forges augmentaient d'importance d'année en année, on confiait beaucoup de travaux extérieurs, charrois, déchargements et manœuvres des wagons, etc..., à des entrepreneurs. L'un d'eux, de nationalité belge, chaque fois qu'il avait besoin d'ouvriers, allait en chercher dans son pays et les ramenait par bandes ; aussi, voit-on beaucoup de familles originaires des mêmes villages de Flandre établies depuis lors à Montataire sans esprit de retour. »

A l'époque où Alexandre Gibon y arrivait, les Forges de Montataire entraient dans une phase de pleine activité. Au lendemain, en effet, de la révolution de février, l'effarement des intérêts avait de toutes parts amené de nombreuses ruines, entre autres l'effondrement de la Société Arnoux à Bourges. Mais, après quelques années d'anarchie au seul profit des révolutionnaires violents et des rhéteurs bavards, la France laborieuse, qui avait pour longtemps triomphé des premiers dans la sanglante mêlée de juin, s'était débarrassée des autres par le 2 décembre. Ceux qui ont vécu à cette

époque se rappelleront toujours les sentiments univer-
sels avec lesquels fut désirée et accueillie la délivrance
qu'apportait ce nouveau dix-huit brumaire. Le suffrage
universel, dont la jeune souveraineté n'inspirait que des
sympathies et des espérances, venait, pour la seconde
fois, de se prononcer : avec une spontanéité indéniable et
une éclatante unanimité, il avait affirmé hautement sa
volonté, et personne ne doutait alors que la voix du
peuple ne fût la voix de DIEU.

Aussi, dès le lendemain commençait une période
d'activité industrielle et de brillante prospérité que la
gloire de Sébastopol venait dorer d'un reflet de victoire.
Heureuses années, qui auraient pu être l'aurore d'une
rénovation féconde, si la société, un instant raffermie
sur ses bases nécessaires, mais éclairée par le péril
des mauvais jours, avait, dans l'accord du pouvoir et
des mœurs, réalisé la réforme morale justement ins-
crite au programme de Bordeaux ! Mais la sécurité
parut à jamais reconquise ; on oublia vite les terreurs
et les misères du passé dans la quiétude et l'opulence
du présent, et l'on refusa d'entendre ceux qui parlaient
encore des menaces de l'avenir.

Un homme nourri dans la science et instruit par la
pratique, associé à tous les progrès industriels, commissaire général de l'exposition universelle de 1855,
Frédéric Le Play, publiait à ce moment ses études
longuement mûries sur les populations ouvrières de
l'Europe. Résumant les faits innombrables partout
relevés dans cette magistrale enquête à travers le
continent, il n'hésitait point à dire que les deux forces
qui soutiennent l'édifice social, sont, en bas, la prévoyance, parce qu'elle assure l'ascension continue des

plus dignes, et en haut la religion, parce que, seule, elle est assez forte pour empêcher la corruption et inspirer le dévoûment.

Mais ce profond penseur qui devait, plus tard, agir si largement sur ses contemporains et exercer une influence maîtresse sur Alexandre Gibon, était à peine écouté de quelques esprits d'élite et restait entièrement inconnu de la foule. Aussi la poussée des intérêts matériels, s'exagérant dans son succès même, continuait croissante. Ce n'était d'abord que l'enivrement du travail, la fièvre de la production et la fascination de la richesse. Hélas ! qui eût pu croire qu'après une révolution nouvelle, ce serait la passion effrénée des jouissances, l'oppression sectaire des consciences et le scandale éhonté de la corruption ?

C'est au début de cette ère nouvelle d'intense production, qu'Alexandre Gibon était associé à la direction des Forges de Montataire. La création des grands réseaux de chemins de fer donnait à tous les travaux métallurgiques un élan considérable, dont les conventions de 1858 pour l'extension des lignes secondaires devaient bientôt après prolonger encore l'impulsion.

Longtemps beaucoup d'usines — et c'était le cas pour les ateliers de Montataire — avaient été conduites par des praticiens dont plusieurs, habiles et expérimentés, devaient continuer à rendre des services ; mais les conditions nouvelles de l'industrie nécessitaient partout une direction plus scientifique. Alexandre Gibon fut, si nous ne nous trompons, le premier ingénieur chargé de conduire les Usines de Montataire. Il put montrer, dans cette situation nouvelle, ses qualités éminentes comme technicien et comme adminis-trateur. Ses études sur divers procédés de fabrication, notamment pour le perfectionnement de l'étamage des tôles, furent remarquées dans le monde industriel. En même temps, il s'attacha tout d'abord au renou-vellement de l'outillage ; bientôt, il put créer de nou-veaux ateliers, spécialement pour le laminage des tôles minces, pour la fabrication des bandages de roues de locomotives et pour la préparation du fer blanc.

Loin de se laisser absorber tout entier par le souci des intérêts industriels, Alexandre Gibon a de bonne heure donné son attention aux institutions économi-ques, sociales et charitables.

Par des entretiens fréquents ou des conférences familières, il cherchait à éveiller chez les ouvriers le souci de la prévoyance et à développer l'habitude de l'épargne.

C'était le temps encore de la journée de 12 heures — de cinq à sept. Alexandre Gibon, formé jadis par M. Hallette aux habitudes matinales, passait réguliè-rement à cinq heures dans l'usine, se rendant à son bureau. L'exemple était suivi. Aujourd'hui, on agite la question des trois-huit, la solution viendra sans doute à son heure ; mais pendant les années auxquel-les nous reporte ce récit, s'est accomplie sans crise à Montataire, grâce à la sollicitude du chef, la réduction de la journée à dix heures, ce qui fut déjà une notable amélioration.

Il s'occupa, pour en perfectionner les règlements, de la caisse de secours, fondée déjà depuis une vingtaine d'années. C'est à lui qu'on doit la création d'une cantine et d'un économat. Plus tard, nous le verrons à Commentry, pour une fondation analogue, préférer la forme coopérative ; mais, à Montataire, l'économat a été par lui organisé comme un service spécial dépendant de la direction ; il a subsisté longtemps après le départ de son fondateur, et il a continué à rendre de grands services aux ouvriers.

Bien qu'il eût été d'abord sous-directeur pendant cinq ans et, par suite, mêlé à tout ce qui intéressait la marche des travaux et le gouvernement du personnel, Alexandre Gibon, en prenant la direction (1857) des mains de M. A. Frœhlich, — devenu administrateur avec le titre de directeur-général, — éprouva, avant tout, le sentiment de la responsabilité qu'il assumait. Après de longues années, ses enfants, quoique ce souvenir les reportât à leur plus jeune âge, se rappelaient l'émotion pleine de gravité avec laquelle il accepta ses fonctions nouvelles. Et ce même sentiment de responsabilité ne s'émoussa jamais. En aucun temps, il n'hésita à couvrir ses subordonnés devant ses chefs ; mais en retour, il exigeait de tous le respect d'une exacte discipline, que tempérait d'ailleurs sa constante bienveillance. Pendant toute sa carrière industrielle, il fut toujours le même à cet égard.

Quoique les situations difficiles qu'il avait traversées eussent en quelque sorte avivé chez lui l'opiniâtreté au travail, toujours il était accessible à tous, à l'ouvrier comme à l'employé, préoccupé sans cesse de rendre justice à chacun. Les moindres réclamations devaient être portées directement devant lui ; il en examinait aussitôt, avec le chef de service compétent, et la valeur et la solution. Aussi était-il vraiment aimé et facilement obéi de tous.

Un tel sentiment de la responsabilité dans la direction d'une grande exploitation ne pouvait que fortifier en lui les qualités maîtresses que nous avons vues se dessiner au cours de ses études et dès le début de sa carrière. Plus que jamais, il est assidu au labeur professionnel et en même temps soucieux du bien-être de sa famille ouvrière, toujours prêt à servir ses amis, sans mesurer ses peines. Ceux qui l'ont approché davantage, l'ont maintes fois entendu s'étonner que la loi du travail eût été par DIEU imposée à l'homme comme une expiation, tant il trouvait de viriles jouissances dans une activité intelligente et féconde qui le passionna jusqu'à l'épuisement de ses forces. A peine se délassait-il par une correspondance longue, fréquente, intime, avec ses amis ou ses parents, ou avec les ingénieurs et les économistes attachés aux mêmes travaux. Que de fois déjà, pour des intérêts privés, dans des circonstances difficiles, on recourait à ses conseils judicieux, et avec quel actif dévouement il s'imposait alors des études supplémentaires, des démarches, ou même des voyages !

Les douleurs, inséparables, hélas ! de la vie, ne furent point épargnées à la famille d'Alexandre Gibon pendant son séjour à Montataire. Plus d'une fois le foyer fut en deuil et la mort y laissa d'irréparables vides. Mlle Virginie Vasseur, sœur jumelle de Mme Gibon, et M. Vasseur, son père, succombaient à Lille, en 1852 et 1853. Mme Vasseur qui, depuis plusieurs années, vivait à Creil, aimant à avoir près d'elle ses petits-enfants et surtout à s'occuper de son petit-fils Fénelon, disparaissait en 1855, âgée de 74 ans. Quelques années plus tard, M. et Mme Gibon perdirent, après leur mère, leur plus jeune fils, gracieux enfant ravi à leur affection dès l'âge de trois ans. La grand'mère et le petit-fils dorment l'un près de l'autre, dans le cimetière de Montataire, non loin de l'ancien directeur et administrateur des Forges et de sa digne compagne, Mme Frœhlich. Les deux familles, restées étroitement unies après tant d'années, ont vu, avec une profonde douleur, une municipalité sectaire venir troubler le repos des morts et arracher la croix qui protégait leurs tombes.

L'administration supérieure de la Société de Montataire avait une grande estime pour le directeur de ses usines, et le personnel savait apprécier son chef comme il le méritait. Aussi lorsqu'en avril 1863, Alexandre Gibon, appelé à la direction des Forges de Commentry, dut quitter les ateliers qu'il avait conduits pendant dix ans, la séparation fut aussi pénible pour celui qui partait que pour ceux qui restaient.

Au banquet d'adieux qui lui fut offert, sous la présidence de M. Frœhlich, alors administrateur, un de ses assidus collaborateurs, M. Flamant, chef de la fabrication du fer blanc, rappelait en termes émus « qu'on ne peut pas voir le départ d'une des personnes avec lesquelles on est habitué à travailler, sans en éprouver un sentiment de tristesse et de regret. Ce sentiment, ajoutait-il, est d'autant plus sensible, Monsieur, qu'il s'agit de vous, c'est-à-dire de notre chef ; de celui dont la pensée se communiquait à chacun de nous, de manière à nous faire vivre, industriellement parlant, de son intelligence. Le regret que nous ressentons de votre départ est donc tout naturel, et nous vous l'exprimons ici sincèrement et franchement. Nous avons eu l'idée, pour atténuer, autant que possible, l'effet pénible que nous cause votre départ, de vous offrir chacun notre portrait. Nous avons la conviction que de temps en temps vous aimerez à revoir les traits de ceux qui ont travaillé sous votre direction à Montataire, et dont vous avez toujours su tirer le meilleur parti possible. Nous avons donc l'espoir que notre souvenir sera encore longtemps présent à votre mémoire, et, nous confiant dans cette pensée, nous vous disons au revoir et non pas adieu. »

A ces paroles, que nous avons voulu reproduire parce qu'elles traduisent, sous une forme touchante, les impressions unanimes du personnel, Alexandre Gibon répondit par une allocution dont on nous saura gré de donner ici les principaux fragments. Il s'y peint, en effet, lui-même avec son sentiment élevé du devoir patronal et sa sollicitude paternelle pour sa famille ouvrière.

« ....Quand tout me témoigne votre attachement, votre dévouement, je me demande comment il se fait que nous soyons réunis pour une dernière fois... Je me demande, quand tant de liens nous unissent, vous et moi, par le travail, par les peines, par le dévouement, par les sentiments, et quelquefois aussi par le succès, comment il peut se faire que nous ne soyons ici que pour nous dire adieu !

» Vous comprenez, mes chers amis, qu'il a fallu de puissants motifs pour m'amener à prendre ce parti ; on ne quitte pas, de sa propre volonté, une situation comme celle que j'avais au milieu de vous, sans y être contraint par le sentiment du devoir le plus impérieux.

» L'accomplissement de ce devoir me coûte plus que je ne puis le dire, et me cause des regrets aussi vifs que sincères, regrets d'autant plus réels que je les sens partagés. Pour en comprendre la grandeur, il faut être à ma place, et concentrer dans un seul cœur l'ensemble de ces témoignages de gratitude et d'affection que plusieurs d'entre vous m'ont si vivement exprimés. Et cependant, je dois l'avouer, cette peine est mêlée d'une vive satisfaction, quand je pense que vous êtes ici tous réunis dans une pensée qui m'est si chère, quand je vous vois tous dévoués, comprenant, dans des fonctions plus ou moins relevées, la grandeur des nobles sentiments, tous prêts aux plus grands sacrifices pour justifier cette devise : le devoir avant tout.

» Laissez-moi vous dire en quelques mots comment je comprends cette devise dans l'application envers vos chefs, envers vos familles, envers vous-mêmes.

» Vous savez que partout, et principalement dans le travail d'un établissement industriel, le premier principe, c'est l'autorité. Il faut donc obéir, et ce n'est pas assez, il faut obéir avec intelligence et avec dévouement. Vous m'avez prouvé souvent que vous connaissiez cette loi, c'est un grand bonheur pour vous.

» Me permettrez-vous de vous parler un moment de vos familles, auxquelles je me suis si souvent intéressé, et auxquelles je m'intéresserai toujours ? Soyez justes envers ceux à qui vous devez aide et protection, soyez bons, soyez dévoués ; que tout votre travail, toutes vos pensées soient pour leur bonheur. Quand un ouvrier capable, honnête et bon, après une journée de rude labeur, rentre chez lui, satisfait de son travail, content de revoir en bonne santé sa femme et ses enfants, n'est-il pas plus heureux cent fois que beaucoup de gens fortunés et oisifs, poursuivis par les passions qui affligent l'humanité ?

» Le devoir envers vous-mêmes, mes chers amis, vous ne pouvez l'ignorer, c'est d'être justes et sévères. C'est, surtout au point de vue du travail, de faire, dans l'établissement où vous avez votre position, ce que vous feriez pour vous-mêmes, si vous pouviez travailler pour votre propre compte. — Vous remplirez toujours ce devoir quand vous suivrez la voix de votre conscience. Cette voix de DIEU, qui est dans votre cœur, vous dira toujours si vous faites tout ce que vous devez.

» C'est la dernière fois sans doute que je vous vois tous réunis. Vous me pardonnerez les conseils que je prends la confiance de vous donner ; vous savez que c'est par attachement, par affection pour vous que je le fais. Vous comprendrez qu'en vous quittant, j'aie voulu vous répéter encore des avis qui résument les principes dont je me suis toujours inspiré quand j'étais votre chef : à ce titre je vous les devais, à vous et à tout le personnel de l'établissement, et ces conseils paternels qui m'ont été souvent réclamés, ont été, je puis l'ajouter, souvent suivis.

» J'ai à témoigner toute ma gratitude à M. Frœhlich d'avoir bien voulu présider ces adieux ; sa présence ici, au milieu de vous, me donne la plus grande preuve de l'estime et de l'amitié qui sont le résultat, je crois pouvoir le dire, de nos travaux communs pendant dix années. Je le remercie bien sincèrement.

Gibon.   4

» Et vous, chers amis, je vous remercie du fond de mon cœur de la pensée de cette réunion et du témoignage d'affection si délicat et si complet que vous me laissez dans le précieux album que vous venez de m'offrir. Rien au monde ne pouvait me prouver davantage votre attachement. En vous quittant, je vous conserve, et je vous conserve tous réunis pour moi. C'est un gage de votre affection qui a sa place au cœur de ma petite famille ; il sera pour mon jeune fils, présent à ces adieux par votre sollicitude, un souvenir et une leçon ! Souvent, dans un moment de repos, je vous reverrai ; je me souviendrai si volontiers de vous tous ! Croyez-le bien, jamais je n'oublierai ni Montataire, ni ses dignes et braves ouvriers ; jamais je n'oublierai ce personnel intelligent, digne et dévoué, que j'aime comme une grande famille.

» C'est avec un sentiment de vive satisfaction que je vous prie chacun d'accepter ce portrait que j'ai fait faire pour vous ; je vous aurai tous avec moi, et chacun de vous aura près de lui un souvenir qui lui rappellera les dix années que nous venons de passer ensemble dans la vie laborieuse et difficile du travail industriel. »

Combien touchante, dans son expression simple et familière, apparaît cette affection réciproque du chef et de son personnel, après des années d'efforts et de labeurs partagés ! Quel éloge vaudrait le témoignage qu'apportent ici les sentiments qu'Alexandre Gibon avait su inspirer à ses collaborateurs de tout ordre ? En voyant avec quelle sollicitude éclairée et aussi quel succès mérité, il s'est toujours occupé du bien-être moral et matériel des familles ouvrières qui l'entouraient, on pressent avec quelle haute autorité, appuyée sur une longue expérience, il pourra plus tard affirmer les conditions nécessaires au maintien de la paix sociale dans les ateliers de travail.

A tous égards, Alexandre Gibon se trouvait alors exceptionnellement préparé à accepter la lourde responsabilité de la direction des Forges de Commentry. Nous allons le suivre sur ce théâtre plus vaste. Là nous le verrons, en pleine maturité de ses forces et de son talent, diriger, pendant vingt-sept ans, d'importantes usines, et donner toute la mesure de ses rares capacités, de sa constante activité et de son infatigable dévouement.

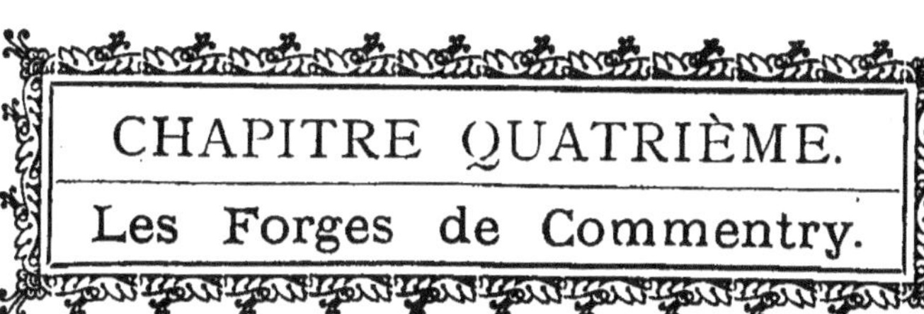

CHAPITRE QUATRIÈME.
Les Forges de Commentry.

Aux limites occidentales du Bourbonnais, sur le cours du Cher, au point où commence le canal du Berry, la petite ville de Montluçon, qui eut son rôle dans la guerre de Cent Ans, est devenue aujourd'hui un actif foyer de vie industrielle. Au lieu des bois que dominait le vieux château, c'est, dans la fumée et les feux des usines, un entassement de grands toits d'ateliers et de hautes cheminées. Forges, glaceries, verreries, rivalisent d'activité.

A quelques kilomètres, le gros bourg de Commentry s'est formé auprès de la mine de houille et a grandi par la création des forges. C'est en 1843 que MM. Martenot frères ont établi les premiers hauts fourneaux afin d'exploiter, avec les charbons voisins, les minerais du Berry pour fabriquer des fers laminés et des rails. L'absence de voies de transport rendit lents les débuts. En 1845, la société de Châtillon-Commentry se constitua par la réunion des usines du Châtillonnais avec celle de Commentry; elle prit la forme commanditaire sous la dénomination Bougueret, Martenot et Cⁱᵉ. La direction fut confiée successivement en 1847 à M. Lebrun-Virloy, en 1856 à M. Louis Bordet, auquel succédèrent, pendant les deux dernières années, MM. Paul Bordet et Palotte. C'est en 1862 que la société en commandite se transforma en compagnie anonyme, et Alexandre Gibon fut appelé, en février 1863, à la direction des forges.

Les usines de Commentry comptaient alors environ un millier d'ouvriers avec une force mécanique de 1064 chevaux. Elles ne fournissaient que des produits communs ; la fonte de Commentry en était la base, et on fabriquait les laminés marchands, la tôle de construction, la tôle puddlée et les fers blancs. La production totale, qui avait été de 16.138 tonnes en 1856, de 12.680 en 1858, s'était relevée à 20.000 en 1859, pour fléchir de nouveau. En 1862, on produisit 15.000 tonnes de laminés, 1.800 de tôles minces et 400 de fers blancs. En 1889, l'usine groupait 1.400 ouvriers et employait une force de 2.290 chevaux ; sa consistance permettait de fabriquer 36.000 tonnes, soit 18.000 de laminés, 14.000 de tôles et 4.000 de fers blancs.

Si les développements successifs que traduisent ces quelques chiffres, ont eu pour causes le progrès général de l'art métallurgique et des moyens de transport, la poussée des besoins industriels et l'habile direction imprimée à la Compagnie de Châtillon et Commentry par son conseil et ses directeurs, les Forges confiées à Alexandre Gibon ont dû beaucoup aussi à la science et à l'activité de celui qui les a conduites pendant vingt-sept ans.

Toujours soucieux d'appliquer les améliorations techniques capables de favoriser la production des Forges, Alexandre Gibon étudia, avec un soin tout particulier, la fabrication du coke dans les fours Appolt. Dès 1863, il en installa plusieurs à Commentry, et l'usine qu'il dirigeait fut ainsi l'une des premières, en France, à réaliser ce précieux perfectionnement. Ces fours fonctionnent encore actuellement, et donnent le meilleur résultat. Leur marche continue offre, en effet, des avantages qu'il est inutile de faire ressortir, car chacun sait que toute mise en train, toute interruption, toute reprise dans de pareils travaux, entraînent des augmentations considérables de dépenses. D'ailleurs, le rendement des fours Appolt est très supérieur à celui des anciens fours de boulanger, et le coke qu'ils produisent est de qualité supérieure.

De même, les perfectionnements que peut comporter la marche des hauts fourneaux étaient, de sa part, l'objet d'une étude constante. La « note historique » qu'il publia, en 1872, sur l'utilisation des gaz, énumérait, en les comparant et les discutant avec une compétence spéciale, tous les systèmes employés, tant en France qu'à l'étranger. Des souffleries plus puissantes ont été établies, et l'augmentation des appareils à air chaud a permis d'élever la température de 300 à 400°. Ce sont les améliorations pratiques, ainsi patiemment obtenues, qui ont porté la production de 20 tonnes, à peine, par 24 heures, en 1862, à 40 tonnes en 1889, avec une économie notable dans la consommation du coke.

A Commentry comme à Montataire, il se préoccupa de développer considérablement la fabrication des fers blancs. Quelques chiffres suffisent à montrer les résultats de ses efforts. La production annuelle qui, en 1862, était environ de 450 tonnes, montait successivement à 750 en 1863, à 1.250 en 1864, pour s'élever continuellement jusqu'à 3.550 en 1889, dont les deux tiers sur acier. C'est en 1870 qu'il fit installer à l'usine le premier appareil Saunders et Piper. Jusqu'alors, pour tirer le fer blanc de la graisse, on opérait à la main ; les nouveaux engins faisaient le travail mécaniquement. Ils furent, à leur tour, en 1883, remplacés par les machines Morewood, plus perfectionnées et moins coûteuses. En même temps, la consommation d'étain qui, dans cette fabrication, constitue la plus grosse dépense, diminuait d'année en année, grâce aux primes allouées aux ouvriers pour la réduction des déchets.

La galvanisation des tôles prit encore, sous la direction d'Alexandre Gibon, un développement important, et la production s'élevait, de 29 tonnes en 1863, à 350 en 1868, à 415 en 1879, et à 618 en 1887. Enfin, l'ondulage a été installé en 1866, et la production annuelle atteint maintenant 200 à 250 tonnes. Pour la couverture du Palais du Champ-de-Mars, lors de l'exposition universelle de 1867, Commentry et Montataire durent fournir ensemble environ 500 tonnes de tôles ondulées ; mais, par suite d'un retard dans les fournitures des usines du Nord, celles du Centre eurent à livrer les 7/10 de la commande, soit à peu près 340 tonnes.

Pendant la guerre de 1870-71, la fabrication du fer blanc a été une ressource précieuse pour les Forges de Commentry. Voulant à la fois coopérer de tous ses efforts à la défense nationale, et occuper son personnel menacé de chômage, Alexandre Gibon avait pris l'initiative de passer, avec la délégation de Tours, puis avec celle de Bordeaux, des marchés importants pour la fabrication d'objets de campement en fer blanc. Grâce à d'ingénieux agencements, il fit exécuter ces objets par les ouvriers inoccupés et par les ferblantiers de la région, qui, tous, trouvèrent ainsi un travail inespéré. D'autres ateliers, en même temps, fabriquaient du matériel de guerre, mais au prix de quelles difficultés, toutefois ! On en trouve un écho dans une lettre que le président du conseil d'administration de la Compagnie de Châtillon et Commentry, M. Darcy, alors bloqué par les Allemands aux environs de Dijon, écrivait le 15 janvier 1871 :

« Mon cher directeur, j'ai reçu communication des marchés que vous avez passés pour les effets de campement, les batteries et leurs affûts, ainsi que pour les boulets... Vous avez souffert notablement par suite de la difficulté des transports ; vous avez été gêné pour l'approvisionnement de vos minerais et de votre combustible, non moins gêné pour l'expédition de vos produits finis ; le canal vous a manqué comme le chemin de fer. Et, pour qu'aucun malheur ne vous fût épargné, un grand nombre de vos ouvriers ont été frappés par la petite vérole. »

Et ce n'était pas tout encore, car la rareté des transports se compliquait encore des retards de paiement ; puis, la crainte d'une diversion des armées allemandes à travers le Bourbonnais, dont elles eussent saisi les usines avec leur matériel et leurs produits ; enfin, les angoisses et la désespérance, pendant les dernières semaines de la lutte. Dressé de bonne heure à se mesurer avec les plus dures épreuves, Alexandre Gibon ne se laissa pas abattre, et, grâce à son énergie, ses ateliers se trouvèrent prêts à reprendre leurs travaux habituels, après la conclusion de la paix, avec toute l'intensité qu'exigeait alors le mouvement industriel, et qui fit promptement monter, nous l'avons vu, la production de Commentry.

En terminant cet aperçu sommaire des travaux techniques du directeur des Forges, signalons encore une heureuse innovation qui lui est due. En 1878, fut organisé tout un outillage pour impression sur fers blancs, ce qui permit, en outre, de faire à l'usine l'impression de toutes les fournitures de bureau de la Compagnie.

Bien qu'absorbé par les travaux pratiques d'une carrière très active, Alexandre Gibon ne cessa pas de suivre les progrès des procédés industriels et de l'art de l'ingénieur. C'est ainsi qu'il collabora fréquemment au *Dictionnaire des Arts et Manufactures*, et prit part, souvent, aux séances ou aux congrès de la *Société des Ingénieurs civils* ou de la *Société de l'Industrie minérale*. Fidèle aux souvenirs de sa jeunesse, et comprenant la difficulté des débuts, il fut toujours, pour les jeunes ingénieurs de l'Ecole Centrale, un guide et un appui. Aussi ses camarades du Centre l'ont-ils, par leurs suffrages, appelé pendant plusieurs années à la présidence de leur groupe, désireux de recourir, en maintes circonstances, aux lumières d'une expérience industrielle si autorisée.

La haute capacité professionnelle du directeur des Forges de Commentry, et l'heureuse impulsion qu'il avait imprimée à la production des ateliers, avaient porté le conseil d'administration à demander pour lui, avec insistance, la croix de la Légion d'honneur. Quand cette distinction si bien méritée vint le surprendre pendant l'été de 1869, il se reporta aussitôt avec une touchante piété filiale aux souvenirs de ses années d'épreuve, et c'est à la ville qui l'avait adopté qu'il adressa le témoignage de sa joyeuse reconnaissance. « Au moment, écrit-il au Maire de Cambrai, où je reçois une distinction que je dois avant tout aux soins que la

Ville a pris de mon enfance, j'ai l'honneur de vous prier d'exprimer en mon nom au conseil municipal ma plus profonde, ma plus sincère gratitude pour l'appui que j'en ai reçu si libéralement à l'époque où le choléra m'a laissé orphelin .. Permettez-moi d'exprimer aussi toute ma reconnaissance pour l'homme remarquable, M. Fénelon Farez, si dévoué à la jeunesse, qui a siégé pendant de longues années au conseil municipal et qui a eu la générosité de prendre en main la cause d'un malheureux enfant... La ville de Cambrai a beaucoup fait pour moi, et j'ai le droit de me considérer comme un de ses enfants. Veuillez croire, Monsieur le Maire, qu'elle n'en a pas de plus dévoué, ni de plus reconnaissant. Aujourd'hui, je suis heureux de penser que c'est avant tout aux soins qu'elle m'a prodigués au moment le plus malheureux de mon enfance, que je dois une distinction que je ne pourrais porter volontiers, si tout d'abord je ne lui en avais pas fait hommage. » Le caractère profondément affectueux et fidèle d'Alexandre Gibon se peint au vrai dans cette belle lettre dont nous avons tenu à citer quelques fragments. Celui dont le cœur, après trente années, portait encore aisément le fardeau d'ordinaire si lourd de la reconnaissance, inspirait à tous un trop juste attachement pour que l'heureux événement qui consacrait publiquement le mérite de l'ingénieur, ne fût pas une fête véritable, non seulement pour les siens et pour ses amis, mais pour la grande famille ouvrière dont il était le chef aimé.

La vie familiale, est-il besoin de le dire, se ressentait fort de l'activité professionnelle. Grande en était la régularité et rare le loisir. Une si consciencieuse assiduité ne laissait aucune place à un repos distrayant et usait les forces par la continuité ininterrompue du labeur, préparant ainsi, pour le déclin de l'âge, ce fiévreux besoin d'agir qui a dévoré les dernières années d'Alexandre Gibon.

A Commentry, presque toujours avant 8 heures du matin, il avait fait le tour de l'usine et donné le coup d'œil du maître aux ateliers et aux bureaux. Un léger repas, apporté dans son cabinet, ne retardait pas l'ouverture du courrier. Puis venaient les chefs de service; il travaillait alors avec chacun d'eux, aimant, afin de les mieux former, à leur dicter les éléments et quelquefois le texte même des réponses intéressant leur spécialité.

Dans le cours de la journée, c'est à peine s'il s'accordait une heure à passer en famille. C'était parfois après le déjeuner, dans les chaleurs d'été, une partie de crocket avec ses enfants sur la terrasse du jardin; il apportait là encore ses habitudes mathématiques et voulait, dans le jeu même, la rigueur des règles. Mais le plus souvent il retournait à son cabinet et trouvait un moment son délassement favori dans une correspondance étendue et suivie qu'il entretenait avec autant de bienveillance que d'exactitude, aussi bien avec ses parents, ses amis et ses relations, qu'avec les ingénieurs attachés aux travaux industriels ou les hommes voués aux études sociales.

La plus grande partie des après-midi était consacrée à la rédaction de rapports détaillés, à l'examen minutieux de la comptabilité, à des conférences multipliées avec les chefs et les contre-maîtres de la fabrication; et aussi aux soins que réclamaient l'organisation et le fonctionnement des institutions patronales : écoles, société coopérative, caisse de secours, fanfare, etc.

Le soir, enfin, surtout dans l'hiver, il restait d'abord avec les siens, toujours passionné pour la musique et se plaisant à jouer de la flûte, en cultivant les aptitudes artistiques de sa fille. Mais le plus souvent, après la prière récitée en commun, il retournait à son bureau de dix heures à minuit, tantôt pour se consacrer à quelque travail particulièrement difficile, tantôt pour rédiger les délicates lettres d'affaires dont il se chargeait avec tant de bonne grâce pour ses parents ou ses amis ; quelquefois aussi, à partir de 1879, pour écrire quelques pages du journal de sa vie trop brusquement interrompu.

Le sentiment de la famille et le souci de la mission que la Providence lui impose en lui confiant de petites âmes à conduire vers leurs destinées immortelles, étaient trop puissants chez Alexandre Gibon pour qu'il pût se désintéresser de l'éducation des deux enfants qui lui étaient restés.

Il n'aurait pas voulu les voir grandir loin du foyer paternel ; il les y conservait, au contraire, ou les y ramenait le plus possible. Là, la promenade, la musique, les lectures en commun étaient l'occasion journalière de causeries intimes et de conseils pratiques. Il les initiait ainsi à remplir les devoirs de la vie domestique, ne donnant à l'éducation au dehors que la part rendue nécessaire par l'isolement de Commentry.

Mademoiselle Eugénie Gibon, dont la mère avait fait ses études au Sacré-Cœur de Lille, commença son éducation sous une direction pareille à Beauvais. Quand son père vint se fixer à Commentry, elle la continua au Sacré-Cœur de Moulins. Deux excellents amis que la famille avait conquis dans le Bourbonnais, un pasteur à l'âme profondément apostolique et un avocat pénétré de l'esprit vraiment chrétien, furent les négociateurs, les « gourlots », comme on dit dans le pays, du mariage de Melle Eugénie avec M. Gaston Fayolle, avocat distingué de Montluçon ; ce mariage, qui eut lieu le 12 avril 1875, faisait entrer Melle Gibon dans une famille justement considérée, et rangée par l'estime de tous parmi les autorités sociales de la région. De cette union bénie de DIEU sont nés six enfants, et les fiançailles de l'aînée avec M. Emile Sallandrouze le Moullec, d'Aubusson, éclairèrent d'une lueur de joie les derniers jours du grand-père.

Quant à M. Fénelon Gibon, qui d'abord fut élève au lycée de Versailles, il passa de bonne heure au collège des Pères Jésuites à Iseure. A peine sorti des bancs et frêle de santé, il voulut devancer tout appel et prendre part à l'effort national : il s'engagea pour cinq ans dans le service de l'Intendance, à la date du 2 septembre 1870, et fit ainsi les garnisons de Vincennes, Moulins, Bordeaux, Clermont-Ferrand, Versailles et Paris, jusqu'à la liquidation si douloureuse des comptes relatifs aux armées du Rhin et de Sedan. Il acheva ses études de droit qu'il avait poursuivies au cours de son service, et, après quelques tâtonnements, il s'attachait, en juillet 1882, au *Comité catholique de Paris* et à la *Société générale d'Éducation et d'Enseignement*. Formé à l'amour du bien par la tradition paternelle, pouvait-il, sous une direction plus aimée que celle de MM. Chesnelong et Keller, dépenser l'ardeur du dévouement qui le poussait à la défense des intérêts religieux ? A son tour, il a fondé un foyer, et ce fut une douce joie pour M. et Mme Alexandre Gibon d'unir leur fils le 6 mars 1886 à une compagne accomplie, fille du général Cadart, héritière des qualités d'une famille distinguée par le caractère et l'esprit. Ainsi fut peu à peu porté à dix le nombre des petits-enfants que les grands-parents ont pu bénir.

Dans l'existence régulière et sérieuse du ménage d'Alexandre Gibon, constamment attentif à l'éducation et à l'avenir des siens, d'autres affections d'une étroite intimité ont partagé le charme des jours heureux et adouci l'amertume des heures douloureuses. Une belle-sœur, Melle Virginie Vasseur, qu'une bonté toujours égale et des épreuves vaillamment supportées rendaient doublement chère, avait eu au foyer une place privilégiée. Un ami d'enfance, M. Alfred Paquet, y fut toujours traité en frère. Le vénérable curé de Notre-Dame de Montluçon, M. l'abbé Lapendrie, qui avait été le pasteur par excellence de la paroisse ouvrière de Commentry, fut pendant de longues années le confident, le conseil éclairé de la famille entière.

Quand la mort vint, à son heure, rompre une à une ces relations solides que le temps avait formées, l'épreuve fut particulièrement rude pour M. et Mme Gibon, et d'inoubliables souvenirs mêlèrent une ombre triste aux joies familiales.

Désireux de ne pas laisser l'action lente des années relâcher peu à peu jusqu'à les dénouer les liens de la parenté, Alexandre Gibon, malgré l'éloignement de son pays natal, considérait comme un devoir de prendre part à toutes réunions de famille, quand il s'agissait de rendre les derniers honneurs à de chers défunts, ou d'offrir à de jeunes mariés un tribut d'affectueuses espérances. Bien que sa correspondance fût très chargée, sa sollicitude amicale n'oubliait ni les anniversaires ni les fêtes ; de loin il prenait part aux joies et aux peines de ceux qu'il aimait.

Parmi les obligations de la vie domestique, les égards dus aux serviteurs n'étaient pas oubliés ; ceux-ci, dans une maison dont les maîtres étaient aimés, changeaient rarement : les uns, partis pour se mettre en ménage, revenaient avec empressement au premier appel, en cas d'embarras ou de maladie ; d'autres, restés jusqu'à leurs derniers moments, étaient à leur tour l'objet de soins dévoués.

Enfin, le goût qu'Alexandre Gibon avait montré dès sa jeunesse pour une société choisie, ne s'était pas modifié. Il estimait que les relations du monde, convenablement conduites, sont essentielles pour développer l'harmonie, cultiver les manières, élever l'esprit et assurer la concorde. Aussi, aimait-il à recevoir, surtout pendant la saison où il pouvait réunir chez lui quelques-uns des artistes que le Casino de Néris groupait alors autour du maître Danbé. Il le savait faire avec une bonne grâce éloignée de toute ostentation.

Aux Forges de Montataire, on l'a vu déjà, Alexandre Gibon considérait le personnel des ateliers qu'il dirigeait, comme une extension de sa famille, et il comprenait le rôle du patron comme une paternité agrandie. De tout temps il avait eu l'intuition que l'harmonie entre ceux qui coopèrent aux mêmes travaux est la meilleure condition de succès pour la production industrielle, aussi bien que pour la paix sociale. Cette harmonie d'ailleurs, la pratique l'enseigne, ne peut être continuellement obtenue que par une sollicitude toujours en éveil des chefs pour les ouvriers, un souci permanent de l'amélioration matérielle et morale de leur condition, un soin constant d'établir avec eux des relations faciles et fréquentes, qui entretiennent la confiance mutuelle sans diminuer l'autorité nécessaire.

A mesure que l'ancien directeur de Montataire avançait dans sa carrière, l'expérience affermissait à cet égard ses convictions, et dès lors son consciencieux amour du devoir le portait à remplir, dans toute leur étendue, les obligations patronales. Presque dès son arrivée à Commentry, il eut ainsi à porter remède à un mal aigu ; il le fit aussitôt avec énergie et sagacité, par quelques mesures, et surtout par une fondation qui est demeurée un modèle. Il vaut la peine de s'y arrêter, car, sous leur vrai jour et dans toute leur étendue, s'y montrent la décision ferme, le jugement éclairé, le dévouement patient, l'influence bienfaisante d'Alexandre Gibon.

L'une des plus banales causes de souffrance dans les ménages ouvriers, est la facilité des achats à crédit. Il est si aisé de céder à la tentation, si difficile ensuite de payer l'arriéré, surtout lorsque les frais de poursuite viennent doubler la dette ! Dès lors, le débiteur est à la merci du petit commerçant, obligé de subir pour tout ce qu'il achète le prix surfait et la qualité inférieure que le détaillant lui impose parce que sa solvabilité est douteuse, et qu'il ne peut refuser puisque, pour se fournir ailleurs, il faudrait, au préalable, éteindre sa dette.

A Commentry, ce mal sévissait avec une acuité extrême. « Au mois de février 1863, quand je suis arrivé aux Forges, les ouvriers se fournissaient de tout chez les marchands de la ville ; j'ai trouvé dans nos bureaux plus de 500 oppositions contre eux, c'est-à-dire que plus de la moitié de notre personnel, car alors il y avait environ 1.000 ouvriers dans l'établissement, se trouvait sous le coup de poursuites judiciaires et, pour beaucoup, les frais dépassaient le principal » (1). Alexandre Gibon résolut d'arrêter ce fléau : il se chargea personnellement de liquider le passif souvent considérable des pauvres ménages envers les petits commerçants. Ensuite, avec le sympathique appui du Conseil d'administration de la Compagnie, il parvint, à force de peine et de soins, à persuader les uns, à entraîner les autres, et à constituer enfin, le 3 février 1869, *la Société coopérative de consommation des Forgerons de Commentry*.

Fondée sous la forme de société à responsabilité limitée avec 300 actions de 100 francs, elle s'est transformée en 1872 en société anonyme, et le fonds social a été successivement porté à 120.000 francs par les bénéfices attribués aux actions. Le but en est nettement défini par l'article 2 des statuts : « La Société a pour but l'achat, aux meilleures conditions de prix et de qualité, des substances, denrées ou marchandises de consommation, pour les revendre ensuite aux membres de la société, aux autres ouvriers de l'usine et à leurs familles considérés comme membres coopérateurs, du jour où ils se serviront au magasin social, de

---

1. A. GIBON. La Société coopérative de consommation des Forgerons de Commentry ; *Réforme Sociale*, 1887.

Gibon.   5

façon à faire participer les actionnaires et les consommateurs au bénéfice pouvant résulter de l'achat en gros de ces objets. »

Mais ce premier résultat, si enviable fût-il, n'était pour Alexandre Gibon qu'un moyen de s'élever vers un but plus haut : *constituer l'épargne*. « Tous ceux, disait-il dans la réunion du 3 novembre 1867, tous ceux qui s'adressent à la Société, et déjà leur nombre est considérable et s'accroît chaque jour, doivent mesurer leurs dépenses d'après leurs recettes. *Le crédit y est interdit*. C'est donc là un premier point absolument acquis. Mais, quand on mesure ses dépenses d'après ses recettes, on est bien près de songer à l'économie et on arrive ainsi à l'épargne. Nous savons qu'il faut de très grands efforts et beaucoup de temps pour réaliser ce programme ; nous dirons plus : il faut une grande vertu ; mais aussi quel résultat pour soi-même, pour sa famille ! Sans doute, on se sera imposé des sacrifices, des privations, mais on aura constitué son épargne, on se sera fait une position... N'est-ce pas un résultat digne des efforts les plus persévérants, de la volonté la plus virile (1) ? »

Le résultat qu'Alexandre Gibon montrait à l'énergie de tous comme si désirable, a-t-il été atteint ? Un coup d'œil sur les bilans successifs de la Société coopérative ferait reconnaître son développement progressif, la libre adhésion du personnel, les profits pour les actionnaires et les acheteurs, la constitution des épargnes, etc. Bornons-nous à citer quelques chiffres. Les 127 actionnaires de la fondation sont devenus, en 1887, plus

---

1. Procès-verbal de l'assemblée générale des actionnaires, p. 5.

de 500, et avec leurs enfants, ils représentaient alors plus de la moitié du personnel des Forges. Plus des trois quarts des actions (78 %) appartiennent aux ouvriers ; 15 à 17 % sont aux contre-maîtres, et seulement 6 à 8 % aux chefs de service. Les bénéfices sont ainsi répartis : 5 % à la réserve ; 6 % à l'intérêt des actions ; le surplus est partagé : 1/8 aux actions comme dividende, et 7/8 aux acheteurs au prorata de leurs acquisitions. Plus de la moitié des bénéfices ainsi rendus aux consommateurs sont restés en dépôt sur des carnets d'épargne auxquels la Société concède un intérêt de 4 1/2 % ; épargne considérable qu'il eût été difficile de commencer par l'effort de chacun, mais qui se forme presque automatiquement par le fonctionnement d'une Société coopérative, et qui exerce alors une attraction naturelle, un encouragement puissant à la prévoyance. On en a la preuve, car les 369.000 fr. provenant des bénéfices ainsi épargnés ont été presque triplés par les dépôts volontaires. Ajoutons que sur les 5 % versés à la réserve, 90.000 fr. sont revenus aux actionnaires, sous forme d'accroissement du capital porté de 30 à 120 000 fr.

On voit assez, par ces quelques chiffres, les bienfaits assurés à la population de Commentry par le dévouement d'Alexandre Gibon, et comment, à la gêne et à l'endettement, la Société coopérative a substitué rapidement l'ordre et la prévoyance, qui ont permis la diffusion du bien-être, l'éducation économique des ouvriers, enfin, la constitution d'un patrimoine, premier degré de l'indépendance pour les familles qui vivent du salaire quotidien.

Bien que la Société coopérative des Forgerons de

Commentry ait été, par l'opportunité et les difficultés de sa fondation, par la fécondité de ses effets économiques et moraux, le principal soin d'Alexandre Gibon, qui en resta toujours le président, il n'avait garde de négliger les autres devoirs qui incombent aux chefs d'industrie.

C'est ainsi que les écoles attirèrent toute sa sollicitude. A l'école des filles, dotée par la Compagnie et dirigée par les Sœurs de Saint-Vincent-de-Paul, à l'ouvroir qui la complétait, il ajouta un asile pour les jeunes enfants et un dispensaire pour la distribution des secours médicaux. Quand, plus tard, la Compagnie, cédant à la pression politique, crut devoir supprimer l'école des garçons confiée aux Frères des Ecoles Chrétiennes, Alexandre Gibon ne se rebuta point. Grâce à ses efforts, une Société fut créée, la Compagnie consentit à lui concéder l'usage gratuit des locaux, et l'école fut ainsi continuée, aussi longtemps du moins que l'Institut des Frères put lui fournir des maîtres que les familles ont appris à préférer à tous les autres. Les succès de l'enseignement de ces écoles, notamment pour le dessin industriel, ont été plus d'une fois constatés dans de brillants concours.

Pour retenir les jeunes gens par des occupations distrayantes, des sociétés musicales furent organisées, et le directeur se plaisait à encourager de sa présence leurs exercices. Profondément convaincu qu'en dehors de la famille tout est stérile ou éphémère, Alexandre Gibon veillait, avec une attention vigilante, à la moralité des ateliers. Ses paternelles observations au moindre écart maintenaient les bonnes mœurs avec les sentiments religieux, ou obtenaient la réparation immédiate des irrégularités accidentelles. C'est en se dépensant ainsi lui-même qu'il savait pourvoir à tout, pour les soins de maladie comme pour les secours d'invalidité, et, sans qu'il fût besoin d'une caisse de retraite, il s'ingéniait à assurer aux vieux serviteurs des emplois faciles, convenablement rémunérés, qui, sans excéder leurs forces défaillantes, leur donnaient la satisfaction de se croire encore en activité de service. Enfin, trésorier de la fabrique de Commentry durant une longue période, il apporta dans l'exercice de ces fonctions souvent délicates, ses habitudes de labeur constant et de scrupuleuse exactitude.

Le sentiment si élevé des devoirs du patronage qui avait toujours inspiré Alexandre Gibon, et que la pratique de la vie industrielle a sans cesse accru chez lui, trouva d'une façon particulière à se manifester à l'occasion de l'exposition universelle de 1867.

Le célèbre auteur des *Ouvriers européens* et de *La Réforme sociale en France*, Frédéric Le Play, commissaire général de nos premières expositions universelles, venait d'obtenir de l'Empereur la création d'un Nouvel Ordre de récompenses « en faveur des personnes, des établissements ou des localités qui, par une organisation ou des institutions spéciales, ont développé la bonne harmonie entre tous ceux qui coopèrent aux mêmes travaux et ont assuré aux ouvriers le bien-être matériel, moral et intellectuel (1). »

Un tel concours, ouvert dans le monde entier et jugé par un grand jury international, dépassait de beaucoup, on le conçoit, la portée des expositions d'économie

---

1. Décret du 9 juin 1866.

sociale qui se sont succédé depuis lors. Il ne s'agissait pas là de présenter telle ou telle institution plus ou moins ingénieusement combinée : caisse d'épargne ou école d'apprentis, caisse de retraite ou conseil de conciliation, habitations ouvrières ou participation aux bénéfices, syndicats professionnels ou sociétés coopératives... Les mérites qu'on récompensait étaient considérés dans leur ensemble, envisagés dans la réalité et mesurés par leur résultat : la paix dans l'atelier. Aussi dans cette mémorable enquête les faits parlant d'eux-mêmes ont montré, avec l'autorité de l'expérience, à quelles conditions le progrès industriel, commercial et agricole, peut se concilier avec celui de la morale, de l'instruction et du bien-être. Les récompenses furent disputées par 600 concurrents ; le haut jury décerna 12 prix, 24 mentions honorables 5 citations et 78 mentions. La Compagnie de Châtillon-Commentry obtint l'une des mentions honorables. Le rapport qui établit ses titres à cette haute distinction, énumère les institutions fondées par la Compagnie pour ses ouvriers et leurs familles. Il précise ce qu'elle fait pour assurer l'instruction des enfants des deux sexes ; il constate la création d'orphelinats et d'ouvroirs importants ; il expose comment elle a organisé partout, gratuitement, le service médical pour les ouvriers et leurs familles auxquels elle fournit, également à titre gratuit, les médicaments ; il indique enfin les sacrifices notables faits pour mettre à la disposition d'une grande partie du personnel des logements gratuits ou à prix réduits. En un mot « la Compagnie n'a négligé aucun effort, aucun sacrifice, soit pour éviter le chômage et le dénûment des vieux jours, soit pour instruire et moraliser l'ouvrier. » On devine quelle part importante Alexandre Gibon savait prendre à ces œuvres sociales qu'il conduisait en se donnant lui-même.

Un tel souci des devoirs du patronage devait, un jour ou l'autre, rapprocher le directeur des usines de Commentry et le créateur du Nouvel Ordre de récompenses. C'est en 1873 qu'eut lieu leur première rencontre. Frédéric Le Play était venu, cette année-là, aux eaux de Néris. Associé, par sa bienveillance, au labeur considérable nécessité par une 5ᵉ édition entièrement refondue de la *Réforme sociale en France*, celui qui écrit ces pages vint le rejoindre pour ne point interrompre le travail commencé. Une visite à Commentry lui fit connaître Alexandre Gibon ; et dès lors il lui voua une amitié respectueuse dont le souvenir survit à la séparation suprême. Quelques jours après cette visite, le directeur des Forges était présenté au maître dont il allait devenir un des disciples les plus convaincus, les plus autorisés, les plus dévoués.

Lorsque dix ans plus tôt environ, avait paru en 1864 la première édition de *La Réforme sociale en France déduite de l'observation comparée des peuples européens*, le retentissement de ce livre avait été grand. Sainte-Beuve et Montalembert l'avaient également salué comme le plus considérable du siècle. Les idées qu'il agitait paraissaient fort nouvelles ; on ne les discutait nulle part alors. Dans le silence général, la *Réforme sociale* les déduisait de l'étude scientifique des faits et les exposait avec une précision rigoureuse et hardie. A une époque où l'horizon était radieux, l'auteur osait

annoncer l'arrivée prochaine de catastrophes natio-
nales, conséquence inéluctable de la confiance accordée
aux sophismes du XVIIIᵉ siècle. A la suite de l'exposition universelle de 1867, Le Play avait condensé encore
son enseignement sous une forme plus concise, et for-
mulé, d'après l'enquête internationale du Nouvel Ordre
de récompenses, les règles de l'organisation du travail
d'après la loi du Décalogue et la coutume des ateliers.
Mais on était au début de l'année terrible et les
malheurs prévus s'abattaient sur la France désem-
parée.

Après la catastrophe, la même voix qui avait multiplié les avertissements relevait maintenant les cou-
rages en rappelant que « DIEU a fait guérissables les
nations de la terre. » Rentré dans la vie privée, refu-
sant toute fonction publique, uniquement dévoué à sa
tâche patriotique, Le Play ne cessait de travailler à
éclairer les esprits, à rapprocher les hommes, à dissiper
les préjugés. Nombreux étaient ceux qui regrettaient
de n'avoir pas jadis écouté ses conseils ; ils accouraient
vers lui en promettant de le suivre, et ils le conjuraient
d'indiquer les moyens et les conditions du salut. Pour
unir toutes ces volontés désorientées et les entraîner
dans un puissant mouvement de réforme, Le Play venait de créer, en 1872, les *Unions de la Paix sociale*,
dont les groupes régionaux se fondaient alors de tous
côtés.

A ces heures déjà lointaines où l'on ne se résignait
pas à voir la France dominée par les passions anar-
chiques, où tous les cœurs battaient du désir de relever la patrie vers un plus haut idéal, un tel homme
devait exercer une profonde impression sur Alexandre

Gibon. Celui-ci, en effet, trouvait dans les doctrines des Unions la confirmation des idées qui l'avaient toujours guidé, et que la pratique de l'industrie fortifiait chaque jour en lui. Aussi devint-il bientôt auprès du maître un des disciples les plus considérés, une des autorités sociales les plus influentes, un des correspondants les plus zélés des Unions de la paix sociale. On peut dire que ce fut une date décisive dans sa vie, tant il s'adonna depuis lors, avec tout son dévouement, à servir la cause de la réforme sociale.

C'est au début de cette période que la *Société d'encouragement au bien* lui décerna, en 1876, deux de ses plus belles médailles. « Personne plus que vous, Monsieur, lui écrivait le duc de La Rochefoucauld-Doudeauville, ne méritait la haute récompense que la *Société d'encouragement au bien* vous a décernée. Vous avez rendu de bien grands services à la population dont vous êtes le chef et le père. Il serait heureux que chacun sût accomplir son devoir comme vous, Monsieur ; la société française ne serait pas en décadence comme elle l'est malheureusement aujourd'hui. »

Non content de remplir ainsi les obligations du patronage, désormais il va exercer autour de lui une action plus large au nom des *Unions de la paix sociale*. Rien ne lui coûte pour les servir : lettres, conversations, prêt de livres, voyages, conférences..., il savait user de tous les procédés pour rappeler les vérités essentielles, réfuter les erreurs, provoquer les sympathies et gagner de nouveaux adeptes. Plus de 200 membres furent ainsi convaincus et recrutés pour cette *Internationale du bien* par la propagande individuelle — la seule vraiment efficace — qu'il exerçait sans trève autour de lui.

Il fit plus : tout en prenant part, à Paris, aux travaux de la *Société d'économie sociale* et à ses congrès annuels depuis 1882, il organisait presque chaque année, aussi longtemps du moins qu'il resta à Commentry, de grandes réunions régionales dans le centre de la France, véritables congrès qui se tinrent successivement à Montluçon (1884), à Moulins (1885), à Nevers (1886), à Bourges (1887), à Clermont-Ferrand (1888), à Brioude (1889). Toujours il prenait la parole, le plus ordinairement dans un discours-programme ; il en préparait les travaux, en dirigeait les débats, et souvent y présentait, pour donner l'exemple, un mémoire très étudié sur une des questions sociales les plus débattues.

On comprend tout ce qu'un pareil apostolat des vérités sociales, exercé à travers une douzaine de départements, aussi bien parmi les propriétaires ruraux que parmi les ingénieurs ou chefs d'usines, devait amener de labeur en surcroît dans cette existence déjà si consciencieusement remplie par les devoirs professionnels.

La vie industrielle, d'ailleurs, comporte des crises de plus d'une sorte. Des accidents, heureusement rares, mais parfois terribles, viennent ravager un atelier. L'allure irrégulière du marché commercial amène des fluctuations dans le travail : à une phase d'activité intense et de hauts prix, succède uns période de salaires abaissés et de ralentissement graduel, ou même de chômages plus ou moins prolongés. Enfin, la propagande des doctrines socialistes et l'excitation des appétits révolutionnaires qui se font toujours sourdement, provoquent des éclats bruyants, tantôt dans l'agitation des ateliers en fomentant de lamentables grèves, tantôt au cours des luttes électorales ou par le contre-coup des événements politiques. Les Forges de Commentry ont connu toutes ces épreuves.

Quelque prudente attention que la direction ait sans cesse apportée à l'entretien de l'outillage, quelque sollicitude personnelle qu'Alexandre Gibon mît à tout voir et à tout prévoir, les accidents ne purent toujours être évités. Une explosion de chaudière surtout, en avril 1874, fit de nombreuses victimes. Aussitôt, avec son cœur dévoué, par des propositions accueillies avec grande bienveillance par le conseil d'administration, le directeur s'efforça de réparer les conséquences douloureuses du sinistre. Soigner les blessés, pensionner les invalides, soutenir les veuves, adopter les orphelins, tout fut mis en œuvre pour soulager les cruelles souffrances de cette grande famille industrielle.

Le plus grand mal de la vie ouvrière, contrainte à puiser ses ressources dans le salaire quotidien, c'est l'arrêt de travail, le chômage. Aussi le principal soin de ceux qui comprennent la responsabilité et les devoirs du patronage, est-il de tout faire pour assurer aux ateliers une marche régulière. Tâche assurément plus difficile et plus onéreuse que la création de certaines institutions économiques au moyen desquelles on acquiert à bon compte le renom de philanthrope ! Il faut, dans les périodes prospères, résister au désir d'accroître les profits en ouvrant de nouveaux chantiers, afin que le personnel ainsi attiré ne soit pas réduit à être congédié brusquement quand les commandes se raréfient. Il faut, en tout temps, s'ingénier à alimenter l'usine afin d'occuper les familles stables qu'elle emploie. Il faut, dans les inévitables crises de chômage, continuer à produire sans bénéfices ou même consentir à des sacrifices pour n'arrêter le travail que devant l'impossible.

Avec l'autorité de l'expérience, Alexandre Gibon a toujours répété que c'est le plus lourd devoir du patron, mais aussi sa mission la plus féconde. Si les chefs d'industrie rencontrent là des difficultés dont la prévoyance a peine à triompher, plus embarrassante encore est la situation d'un directeur qui ne conduit pas librement ses propres intérêts selon sa conscience, mais qui en réalité gère les capitaux des actionnaires. Ceux-ci sont au loin, sans contact avec les populations ouvrières, ignorant leurs besoins, et naturellement portés à n'envisager les problèmes économiques qu'au point de vue du rendement. Sans doute, beaucoup de grandes compagnies ont donné, et depuis longtemps, les plus beaux exemples d'un patronage éclairé, et on ne saurait assez les honorer. Mais pendant toute le première moitié du siècle, les docteurs de l'économie politique n'avaient cessé de prêcher, de recommander, d'encourager une pratique toute contraire. Ils n'étaient que trop suivis par tous ceux qui, à l'abri de l'autorité d'Adam Smith et de Cobden, aimaient à redire que le travail est une marchandise et que, le salaire une fois payé, le patron n'a pas à s'occuper de l'ouvrier : théorie fausse autant qu'inhumaine, grosse des haines sociales actuelles, mais si caressante pour l'égoïsme et si profitable pour le gain ! C'est la gloire de Le Play d'avoir le premier dénoncé ces funestes doctrines, et d'avoir contribué, par ses enquêtes et ses écrits, à l'heureuse réaction qui s'efforce du moins de réparer le mal qu'elles ont produit. On n'en était pas là il y a trente ans, et à plus d'une reprise Alexandre Gibon, qui devançait son temps, eut à surmonter ou à tourner bien des obstacles, à traverser bien des heures d'épreuves et de découragement. Parfois mal compris de ses chefs, souvent desservi auprès d'eux, entravé dans les efforts de son désintéressement éclairé, en butte aux rancunes envieuses de la localité, poursuivi par les passions sectaires malgré la sage tolérance de ses sentiments religieux, il se considérait comme placé à un poste d'honneur et de combat où le devoir devient plus impérieux, à mesure que les difficultés croissent.

Que de fois il put prévenir des grèves qui, sous une direction moins habile, auraient sévi avec leur cortège habituel de souffrances ! C'était pour lui une préoccupation de tous les instants. « On ne saurait dire, ajoutait-il souvent, ce que les grèves engendrent de haines durables dans les pays qu'elles ont troublés. La paix se fait quelquefois avec les patrons : elle ne se fait jamais entre les ouvriers qui ont décidé la grève et ceux qui s'y sont opposés. » Aussi quand un abaissement de salaire devenait inévitable, il en parlait, au préalable, avec les ouvriers les plus éclairés, les mieux disposés à comprendre les nécessités de l'industrie, les plus influents aussi et les mieux écoutés parmi leurs camarades. Il leur exposait les motifs de la mesure projetée, et ne la réalisait qu'après l'avoir ainsi préparée et justifiée à l'avance. Grâce à cette « entente touchant le salaire, » il évitait les malentendus, les revendications et les conflits.

Dans cette tâche délicate, il était indirectement aidé

par la Société coopérative qui, peu à peu, faisait l'éducation économique de l'ouvrier. L'attrait d'un faux luxe chez la femme et la jeune fille, disait déjà le mémoire de la Compagnie de Châtillon-Commentry pour le Nouvel Ordre de récompenses, les entraînements des hommes et des jeunes gens aux cafés, aux cabarets, les appels trompeurs d'un crédit facile sont pour beaucoup la ruine et la misère ; les secours les plus généreux sont impuissants à remédier à cette situation, de même que les salaires les plus élevés ; il faut que l'ouvrier arrive à connaître la valeur des choses, qu'il soit capable de régler ses dépenses sur ses recettes, qu'il sache assurer à sa famille le nécessaire avant le superflu. Si l'ouvrier n'a pas cette force et cette vertu, toute amélioration matérielle de son sort devient presque toujours une prime aux dépenses inutiles et quelquefois immorales. Le remède à ce mal, continue le mémoire, il est dans l'instruction économique des ouvriers. C'est elle seule, pourrait-on dire, qui leur fera connaître, en leur épargnant de dures déceptions, les nécessités de l'industrie, la pression de la concurrence, le rôle du capital, les mensonges des rhéteurs, la souffrance des luttes et les bienfaits de la paix sociale.

« En vue de former l'instruction économique, ajoutait M. Lan dans le mémoire précité, la Compagnie a choisi, comme le moyen le meilleur, celui des Sociétés coopératives de consommation.... Une telle association, dont chaque ouvrier peut devenir membre, est une école où chacun d'eux apprend ce que vaut le capital ou l'épargne, ce qu'exige de soins l'administration d'une affaire, où chacun voit enfin que la gestion et la direction d'une entreprise sont un travail, au même titre que le travail manuel. »

Alexandre Gibon savait, d'ailleurs, que s'il faut ainsi calmer les méfiances et instruire l'ignorance des uns, il y a autant de nécessité à réveiller chez les autres le juste sentiment du devoir et de la responsabilité qui, chez lui, était si puissant. Aussi, dans des conférences répétées, par des écrits multipliés, s'efforçait-il de redire, sous des formes variées, les leçons de l'expérience et des faits sur les obligations d'ordre supérieur qui incombent aux patrons. Aux assemblées des Unions de la paix sociale, aux séances de la Société d'économie sociale, aux réunions d'ingénieurs, partout il revenait, à l'exemple de Le Play, sur les conditions essentielles à la paix des ateliers. Tantôt il insistait sur l'utilité des procédés de conciliation qui éloignent les occasions de conflit par l'usage de la discussion et l'habitude de la confiance, et assurent ainsi la liberté du travail en rendant rares les grèves. Tantôt il rappelait que l'ouvrier placé dans les grandes agglomérations modernes, en dehors des conditions normales de la vie familiale, est fatalement poussé vers le vice, la souffrance et la révolte ; que, dès lors, le devoir des chefs et même l'intérêt de l'industrie sont de rendre facilement accessibles à chacun les avantages d'un foyer décent et d'une vie digne. Et comme ce résultat enviable ne peut être obtenu qu'autant que l'ouvrier lui-même y coopère par la vertu sociale de la prévoyance, c'est à développer les habitudes d'épargne et la possession du foyer que doivent s'attacher les efforts pour asseoir l'indépendance de la famille sur la constitution du patrimoine.

Lentement on se serait rapproché partout du double but poursuivi par Alexandre Gibon — l'instruction économique des classes ouvrières de plus en plus nombreuses, et l'adaptation des anciennes traditions de patronage aux besoins accrus de la grande industrie, — si les événements politiques n'avaient augmenté les difficultés, en ouvrant largement la voie aux meneurs révolutionnaires. Dans une agglomération de mines et d'usines, comme la région de Montluçon et de Commentry, les agitateurs avaient libre carrière. Tout était mis en œuvre. Ici, selon le thème ordinaire, c'était l'éloquence des réunions publiques allumant les convoitises, attisant les haines, excitant les revendications par la prédication des doctrines les plus avancées. Ailleurs, appel était fait même aux sentiments les plus élevés. Ainsi, plus d'une fois à Commentry, la jeunesse ouvrière était mystérieusement convoquée la nuit dans les bois pour entendre des discours où la *révolution sociale* était représentée comme l'avènement d'un idéal de justice, en vue duquel chacun devait s'imposer tous les sacrifices pour le triomphe du droit et l'amour d'autrui. Ce dernier fait, un de ceux qui attristaient le plus l'âme loyale d'Alexandre Gibon, montre, avec beaucoup d'autres, combien, en combattant les chefs du socialisme, il faut avoir d'indulgence pour les masses ignorantes et irresponsables qu'ils égarent.

Il n'en va pas de même des autres partis révolutionnaires, modérés ou radicaux. Ceux-ci vont surtout remuer les instincts bas de l'âme humaine : dans leur propagande et leurs programmes, ils ne cherchent guère qu'à surexciter l'orgueil et l'envie, et, par la persécution religieuse, à supprimer tout frein moral. Au contraire, le socialisme, même dans ses théories les plus irréalisables et ses rêves les plus condamnables, s'adresse, dans le cœur de l'homme, au désir fort légitime d'améliorer son sort et à l'aspiration très noble d'atteindre un idéal de droit et de justice. Les doctrines n'en sont que plus dangereuses et les chefs plus coupables, surtout ceux dont la valeur intellectuelle exclut toute possibilité de sincérité et de conviction. Contre les théories et les meneurs, la lutte doit être menée avec énergie et sans trêve ; mais ceux qui sont abusés et entraînés méritent l'indulgence et le dévouement.

Souvent, et même dans des circonstances particulièrement difficiles, Alexandre Gibon a manifesté et justifié ce sentiment. C'est ainsi qu'en 1885, à la suite des élections pour lesquelles il s'était largement dépensé, en bon citoyen, à défendre ce qu'il jugeait juste et droit, il écrivait à un ami :

« Je tiens à répondre à vos observations générales sur l'ouvrier. Vous jugerez peut-être qu'il ne m'encourage pas à prendre sa défense, et la façon brutale, barbare, sauvage dont nous avons été tous accueillis (dans une réunion publique) peut vous le faire penser. Il est cependant de mon devoir de vous donner quelques explications....... Il faut comparer les agissements des Sociétés industrielles à ceux des politiciens et tenir compte de l'état d'ignorance des ouvriers.

» Aujourd'hui les Sociétés, représentées par leurs conseils d'administration, tremblent de donner un avis sérieux à leurs ouvriers, de leur ouvrir les yeux, de leur faire connaître leurs vues, leurs pensées, leur programme au point de vue des affaires politiques. Au contraire, un personnage comme notre candidat radical agit par lui-même et par ses nombreux agents, qui sont ceux de l'État bien souvent. Et quand il agit à la fois, de la façon la plus éhontée, par promesses et par menaces, on nous prie d'être prudents, de ne rien dire, de laisser faire. Vous ne pouvez imaginer à cet égard le rôle de toutes les Compagnies.

» La conséquence de cette manière de faire est que l'ouvrier se sent abandonné par ses chefs naturels, tandis qu'il entend de l'autre côté, sans pouvoir les juger, toutes les généralités flatteuses, les banalités de protection, de défense, d'intérêts imaginaires, qui sont débitées par les politiciens ; abandonné d'un côté, excité de l'autre, il va là où on lui fait des promesses, et quelles promesses ! mais *il ne sait pas.*

» Voilà son excuse. Je regrette donc très vivement l'attitude des grandes Compagnies. Il devient très difficile d'agir, parce que leur abandon a des conséquences graves ; mais il faudra bien qu'un jour, qui malheureusement n'est pas loin, on change ses batteries. On ne peut savoir ce qui va se passer. Les violents, radicaux ou socialistes, peuvent arriver au pouvoir ; il faudra alors se défendre. Je vous assure que je m'y prépare et que je ne désespère pas de réussir...... C'est un devoir, et je vais tout faire pour conquérir plus nettement, vis-à-vis de ma Compagnie, la liberté de le remplir. Il faut que les Compagnies se rapprochent des lois du patronage et suivent les leçons si sages de notre vénéré maître Le Play. On en reviendra toujours là (1). »

On ne saurait mieux montrer de quels devoirs virils les institutions libres imposent à chacun l'accomplissement. Il en serait autrement si la croyance à la perfection native de l'homme, qui était, en 1789, une des colonnes de l'orgueil humain, selon l'expression de M. Guizot, était fondée. Car alors la liberté, c'est-à-dire la suppression de toute entrave, de tout frein, de toute autorité, permettrait à chacun d'obéir à ses penchants et conduirait d'elle-même les peuples à la vertu et au bonheur. Mais ce faux dogme qui, à notre insu, inspire encore toutes nos idées et nos mœurs, comme le rappelait Alexandre Gibon à la première page du *journal* de sa vie (ci-dessus, *Introduction*), est le contrepied du vrai. Il est condamné par les faits de l'expérience journalière. L'homme, l'enfant est, par nature, enclin au mal, et ce n'est que par la discipline, par l'éducation de sa volonté, qu'il apprend à pratiquer le bien en dominant ses instincts sous l'influence du sentiment religieux (2). Cette éducation qui, pour être efficace, doit commencer au berceau, est par cela même la mission propre de l'autorité paternelle instituée par le Décalogue, et sa nécessité sociale fait comprendre l'exceptionnelle importance de la famille, même à ceux qui ne songeraient pas au dépôt sacré confié par la

---

1. Lettre à M. de Garidel, président de la Société d'agriculture de l'Allier, 19 octobre 1885.

2. « Il n'y a que lui (l'Évangile) pour nous retenir sur notre pente natale, pour enrayer le glissement insensible par lequel incessamment et de tout son poids originel, notre race rétrograde vers ses bas-fonds. » TAINE : *La reconstitution de la France en 1800, l'Église (Revue des deux Mondes,* 1er juin 1891, p. 494).

Providence aux parents, chargés de conduire vers leurs destinées immortelles les petítes âmes qu'ils ont appelées à la vie.

Ainsi la liberté n'est pas un bien en soi : c'est seulement l'obstacle enlevé, la barrière abaissée, qui laissera passer dans la carrière le cheval indompté ou le coursier dressé (1). Plus on accorde au laisser-faire, plus, sous peine d'anarchie, le frein moral doit être puissant et respecté, et l'on ne peut concevoir la liberté sans la religion. Les institutions libres ne profiteraient donc qu'à la licence et au désordre, si les bons citoyens ne se pliaient point aux obligations de lutte et de combat qu'elles leur imposent pour empêcher que l'ignorance des foules ne soit exploitée par le mensonge et l'erreur, au profit d'ambitieux sans scrupules. Et ces obligations pèsent sur tous ceux qui ont reçu de DIEU la fortune, le savoir, l'éducation, la naissance, le talent..... ; mais plus encore sur ceux qui ont charge d'âmes, puisqu'ils dirigent les populations attachées aux ateliers de travail agricoles ou manufacturiers.

Non seulement Alexandre Gibon rappelait ainsi les traditions et la nécessité du patronage aux propriétaires ruraux comme aux chefs d'industrie qui l'entouraient, mais en outre il ne négligeait aucune occasion de préparer un meilleur avenir en modifiant les vieux errements pour tenir compte des conditions nouvelles.

Ainsi, d'accord avec son ami M. Emile Muller, et d'autres professeurs de l'École centrale des Arts et Ma-

---

1. GEORGES PICOT. *L'Usage de la Liberté.*

nufactures, il usait de sa grande influence pour chercher à introduire parmi les cours un enseignement social. Il le considérait à bon droit comme indispensable pour des ingénieurs auxquels incomberaient plus tard la conduite des principales usines et la direction des grandes Compagnies. Rien ne lui paraissait plus nécessaire pour eux que ces notions essentielles sur la vie morale et matérielle des ouvriers au milieu desquels ils seraient placés, et sur les conditions de la paix dans les ateliers dont ils auraient la responsabilité. En les mettant en contact avec les faits scientifiquement étudiés, n'était-il pas certain de les acheminer par l'expérience et l'observation vers « les enseignements si sages de notre vénéré maître auxquels il faudra toujours revenir ? »

Fortement convaincu d'ailleurs que si l'ouvrier se laisse égarer, c'est *parce qu'il ne sait pas*, Alexandre Gibon aurait voulu que, dès le jeune âge, les premiers éléments de l'économie sociale fussent enseignés. Aussi, de bonne heure, il avait demandé à F. Le Play un résumé très simple, une sorte de catéchisme social à l'usage des écoles et des cours d'adultes. Il pensait avec raison qu'il est plus aisé de prévenir le mal que de le guérir, et qu'il faut empêcher l'ouvrier d'être dupe de promesses mensongères, afin de n'avoir pas à faire plus tard des efforts souvent stériles pour le reconquérir au vrai. C'est avant que l'intelligence qui s'éveille ne soit envahie par les préjugés et l'erreur, qu'il convient d'initier peu à peu l'enfant, l'apprenti, le jeune ouvrier, aux notions essentielles sur la famille, son rôle et ses devoirs, sur le foyer et les traditions paternelles, sur le travail et les conditions de la paix sociale, sur le patronage et ses institutions, sur le salaire et les grèves, la coopération et l'assurance, l'épargne et la prévoyance, sur le cabaret et l'alcoolisme, sur l'abus des mots sonores et des formules creuses... « C'est faute de connaître les faits réels, aimait-il à redire avec Claudio Jannet, que l'on raisonne si souvent à vide sur des sujets brûlants, où toute parole imprudente est pleine de dangers. » Aussi, à côté des leçons pratiques que l'ouvrier peut tirer de sa participation à la gestion d'institutions économiques, telles que les sociétés coopératives, s'efforçait-il de susciter un véritable enseignement social, en répandant des livres élémentaires, surtout le *Manuel d'Économie sociale* de M. Jules Michel (1), qu'il donnait aux maîtres pour les diriger, et qu'il commentait parfois lui-même aux élèves.

Ainsi, toujours ardent au labeur quotidien, paternellement dévoué au personnel de ses ateliers, pratiquant sans défaillance le devoir social, « il se donnait lui-même, » selon la belle expression d'un autre patron modèle (2). Malheureusement, haines et rancunes allaient s'acharner contre lui.

Les luttes électorales sont pour les politiciens la question vitale. L'œuvre de travail et d'éducation, de progrès et de paix d'Alexandre Gibon ne pouvait que diminuer leur crédit et limiter leur influence. Fatalement ils devaient chercher à la détruire et à éloigner celui dont ils sentaient que la droiture et l'énergie

---

1. *Manuel d'Économie sociale*, par Jules Michel, ingénieur en chef de la Compagnie P. L. M. 4e édition. Tours, Mame, 1893, 1 vol. In-18.
2. M. Pavin de Lafarge.

feraient toujours obstacle à leurs prédications de discorde et d'envie. Lui-même, dans les belles et courageuses études sur la liberté du travail qu'il avait publiées dans la *Réforme sociale* (1), avait révélé le rôle qu'a joué dans les grèves d'Anzin et de Decazeville, l'animosité du petit commerce contre les Sociétés coopératives de ces deux centres houillers. Il ne se faisait aucune illusion sur les sentiments des commerçants de Commentry, et savait que, dans ce milieu aigri, les politiciens trouveraient aisément un point d'appui pour leurs attaques.

Tout à coup, en effet, le 21 juin 1888, au Palais-Bourbon, M. Aujame, député de Commentry, accusa publiquement le directeur des Forges d'exploiter ses ouvriers. A l'entendre, il spéculait à leurs dépens, les démoralisait par l'imprévoyance, et, sous l'apparence d'une institution humanitaire, travaillait, en réalité, à ruiner les humbles ménages. « Un incendie, s'écriait-il comme emporté par une indignation généreuse, un incendie, qui aurait détruit une partie des maisons, aurait causé des ravages moins grands que cette prétendue institution philanthropique. »

Aussitôt un député, qui honorait alors la Chambre française, M. E. Keller, défendit le directeur de Commentry et la Société coopérative des forgerons, avec cette générosité d'éloquence et cette loyauté de cœur que tous respectaient. En quelques mots décisifs, il indiquait l'origine de ces accusations en rappelant comment les associations coopératives, précisément

---

1. Livraisons des 16 mars, 1er avril et 16 mai 1888.

parce qu'elles sont avantageuses aux ouvriers, « ne font pas les affaires des intermédiaires qui sont trop souvent la plaie de la classe ouvrière. » A chacune des allégations mensongères, il opposait des faits et des chiffres. Comment osait-on dire qu'Alexandre Gibon était le gros actionnaire et spéculait sur les ouvriers dont la plupart « ne voyaient jamais la couleur de leur argent », puisque le directeur possédait seulement 27 actions sur 1200, réparties entre 467 porteurs dont quelques-uns, simples ouvriers, en avaient autant que lui ? N'était-il pas frappant de voir les 500 ouvriers jadis obérés, sous le coup d'oppositions et de saisies, remplacés par un nombre presque égal d'actionnaires de la Société coopérative, déshabitués du crédit, défendus contre l'usure, affranchis des dettes ? Ceux-ci, au surplus, libres de s'approvisionner là ou ailleurs, n'avaient-ils pas un bénéfice évident à venir à la Société coopérative, puisque les prix y étaient ceux du commerce local, et que la Société retournait aux consommateurs, en fin d'exercice, des sommes dont le total alors dépassait déjà un million ? L'accusateur, sans doute, prétendait que cette ristourne de 8 à 10 °/o « est le calicot de 8 sous que le marchand sacrifie à six sous pour attirer le client chez lui ; ce n'est pas autre chose. » Comparaison plus que boiteuse, car le marchand qui sacrifie son calicot, se dédommage sur les autres articles au besoin renchéris, tandis que la Société donne la ristourne sur tous les achats faits au prix courant du commerce. Où pourrait être l'exploitation, alors que les actions, quoi qu'on en dise, sont réparties presque entièrement parmi les ouvriers, et que les actionnaires d'ailleurs en vingt ans ont reçu

150.000 francs, tandis que les consommateurs ont touché plus d'un million ? N'est-ce pas, enfin, de tous points un progrès de moralité et de prévoyance que la bonne tenue des ménages et la progression continue des épargnes ?

Sans la Coopérative, il est vrai, au lieu de retourner aux ouvriers, le million de bénéfices, plus ou moins enflé par les habiletés du crédit et de l'usure, aurait été grossir les profits des petits commerçants du lieu. Sans la Coopérative surtout, on n'aurait pas vu — spectacle scandaleux — « des employées à béguin qui sont à la tête de ces affaires, qui achètent, qui vendent et qui réalisent des bénéfices ; voilà la vérité. » On conçoit que les injures adressées de la tribune législative aux admirables Filles de la Charité, et les affirmations si complètement controuvées du député-boutiquier de Commentry, aient inspiré à M. Keller une véhémente réplique qu'il terminait par ces fières et émouvantes paroles : « Pour venger M. Gibon des attaques dont il a été l'objet, je me bornerai à dire qu'il est mon ami et que je m'en honore. »

Mais, hélas ! dans un pays qui pratique, comme le nôtre, le suffrage universel et l'anarchie démocratique, est-ce que l'oppression exercée par la coterie dominante n'est pas irrésistible ? Est-ce que les passions et le parti-pris n'ont pas trop beau jeu pour que la droiture et le bon sens puissent jamais avoir gain de cause ?

Toujours est-il que, l'année suivante, Alexandre Gibon dut quitter la direction des Forges de Commentry qu'il avait exercée pendant vingt-sept ans. La Compagnie le rappelait à Paris et l'attachait au siège

central, avec le titre d'ingénieur conseil. Ce fut pour lui
une rude épreuve ; il fallait, sans avoir démérité, renon-
cer à conduire l'œuvre des années les plus fécondes
de sa carrière ; il fallait, au soir de la vie, se refaire
une existence nouvelle.

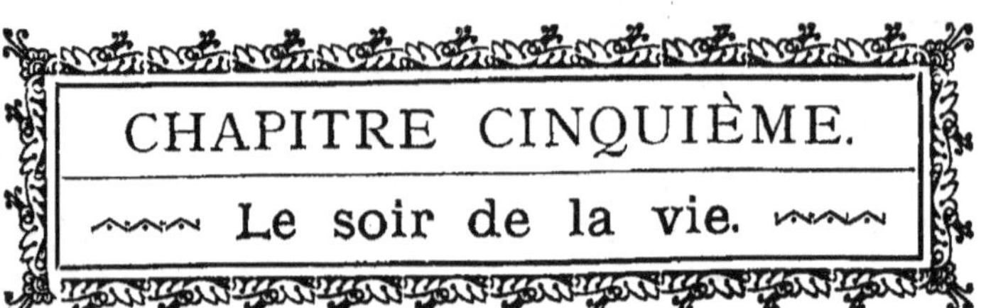

CHAPITRE CINQUIÈME.

Le soir de la vie.

CELUI que des épreuves inattendues ramenaient encore une fois à Paris, n'était plus le jeune ingénieur qui, au sortir de l'Ecole centrale d'abord, puis au lendemain de son mariage, accourait dans la capitale, confiant dans son courage et ses talents, pour se faire une carrière de travail et d'honneur. Il avait soixante-neuf ans. Un grand vide s'était fait autour de lui. Ce n'était pas sans un douloureux déchirement, en effet, qu'après vingt-sept ans d'une direction fort estimée, il avait dû abandonner une position éminente dans la région, dénouer des liens de patronage avec un personnel aimé, rompre enfin de longues relations de confraternité ou d'amitié. C'était maintenant l'isolement et l'amoindrissement de la retraite ; car, bien qu'il eût conservé des habitudes simples, encore devait-il ressentir la perte des conditions de vie large et honorée que comportait la direction des vastes Forges de Commentry.

Mais les traverses de la vie n'avaient point usé son énergie, et le poids des années ne ralentissait pas son activité. A l'heure où, la journée finie, tant d'autres se reposent dans le calme du soir, Alexandre Gibon entreprit courageusement de se refaire une situation.

Le Conseil d'administration de la Compagnie de Chatillon-Commentry, pour reconnaître ses longs services, lui avait décerné le titre d'ingénieur-conseil, en le chargeant de la haute inspection et du contrôle de la

comptabilité-matière des divers établissements de la
Société. Ces fonctions, qui nécessitaient de fréquents et
fatigants voyages dans le Centre et dans l'Est, à
Montluçon comme à Villerupt, constituaient une mission des plus honorables, mais ne comportaient, après
tout, qu'un traitement de retraite. Toutefois, la considération dont il était entouré, la haute expérience qu'on
lui reconnaissait, la confiance qu'inspirait son caractère, l'activité dont il donnait la preuve, le firent bien
vite rechercher. Il entra successivement dans divers
conseils d'administration, souvent comme vice-président, commissaire aux comptes ou censeur. C'est ainsi
qu'il prenait une part effective à la direction de la
Compagnie d'assurances *La Confiance*, de la Société de
Biache-Saint-Waast, de la Compagnie *Le Sunium*, etc.

Partout il se montrait le même : homme d'affaires con-
sommé, acceptant avec dévouement les tâches ingrates
et difficiles, contrôles sévères, vérifications minutieu-
ses, liquidations compliquées, etc. ; habile à concilier, malgré leurs exigences multiples, tant de travaux
professionnels devenus nécessaires, avec les études
économiques et sociales qui de plus en plus l'atti-
raient.

A Paris en effet, Alexandre Gibon se trouvait rapproché, dans un commerce intime, des hommes dont il
partageait les convictions, auxquels il allait associer son
labeur pour servir avec eux les causes qui lui étaient
chères.

C'était au premier rang l'œuvre désintéressée de
bien public fondée par F. Le Play, ces Unions de la
paix sociale dont il avait été, dans tout le centre de la

France, le représentant et l'apôtre. Entré dès 1882 au Conseil de la Société d'économie sociale, il en devenait vice-président en 1890, et président pour la session de 1892. Ce n'était plus seulement, comme autrefois, aux congrès annuels, c'était à toutes les réunions qu'il apportait le concours de sa pratique expérimentée, de son jugement sûr, toujours guidé par une haute inspiration morale et par l'amour constant de la concorde. Dans toutes les discussions, sa parole était écoutée avec une attention particulière, et il était rare que son opinion sage et mesurée ne ralliât point les suffrages. Il fut plus d'une fois rapporteur sur les questions les plus débattues : sur la coopération dont il connaissait si bien le fonctionnement ; sur la garantie des fonds d'épargne ou les dangers d'une caisse d'État ; sur les accidents du travail ou les chambres de conciliation ; sur les grèves, dont il traçait à propos des événements de Carmaux une instructive histoire ; sur la constitution d'un patrimoine, seule garantie efficace d'élévation et d'indépendance pour la famille ouvrière ; sur le patronage matériel et surtout moral que les chefs d'industries ont le devoir d'exercer en faveur de leur personnel. Il affectionnait la revue *La Réforme sociale* et lui réservait une large part de ses travaux. Enfin, quand, en 1894, le Comité de défense et de progrès social se constitua dans les Unions de la paix sociale en prenant pour devise *Patrie, Devoir, Liberté*, Alexandre Gibon fut un de ses fondateurs et de ses guides les plus écoutés. Il ne cessa pas de l'aider de ses conseils et de son appui dans la tâche difficile de combattre, surtout dans la jeunesse, les utopies révolutionnaires et socialistes, en rétablissant dans les esprits les vérités sociales essentielles au règne de la paix entre les hommes.

Toutefois, poussé à l'action par la sincérité de ses convictions, il était animé d'un ardent désir de faire prévaloir le vrai et le bien qu'il ne savait jamais séparer. Aussi aimait-il à sortir du cercle d'une habituelle confraternité, à pénétrer dans d'autres milieux, à se placer à des tribunes diverses pour répandre la connaissance exacte des faits et acheminer ainsi les esprits vers les solutions justes. Trop droit et trop désintéressé, d'ailleurs, pour varier de langage suivant les circonstances, partout avec mesure mais avec fermeté il restait fidèle à lui-même, sans s'abaisser à de prétendues habiletés plus ou moins opportunes. Cet apostolat, il savait l'exercer dans maintes sociétés savantes comme dans les relations d'amitié, avec l'autorité de son expérience et la bienveillance de son caractère. C'est ainsi qu'élu membre de la *Société d'économie politique* en 1885, il en suivait volontiers les réunions pour y retrouver de nombreux amis et y soutenir, quand elles étaient en cause, les idées de patronage et de paix sociale qu'il avait en quelque sorte vécues pendant toute sa carrière.

A la *Société des Ingénieurs civils* aussi, dont il était membre fondateur, il se sentait à l'aise au milieu d'anciens condisciples et de jeunes camarades, s'intéressant toujours aux progrès de la science et de l'industrie, et cherchant à ouvrir parmi eux une place de plus en plus large aux études sociales. Dès 1872, il avait travaillé, avec son ami Emile Muller, alors président de cette Société, dans une grande commission qu'elle avait nommée pour examiner la douloureuse question des grèves, et préparer la révision de la loi de 1864 sur les coalitions. Après son, retour à Paris, il fut, plus d'une fois, délégué à la Sorbonne pour représenter la Société au *Congrès des Sociétés savantes*, notamment pour y soutenir, en son nom, des rapports documentés sur les divers modes de rémunération du travail, sur la paix des ateliers, sur les conseils de conciliation et d'arbitrage, etc.

Mais c'est surtout au *Génie civil* que sa collaboration fut assidue. Là aussi il était avec des amis éprouvés, tels que MM. Rémaury et H. Biver. Par l'association de leurs efforts, ils purent développer cette belle publication, lui assurer des ressources nouvelles, en régler l'administration et lui donner une vie puissante, en même temps que, d'un commun accord, ils introduisaient dans son programme les questions économiques et sociales. Alexandre Gibon fit ainsi paraître, chapitre par chapitre, des travaux importants pour la pratique journalière des ingénieurs, entre autres *La participation aux bénéfices et les difficultés présentes*.

Enfin, membre du Conseil d'administration de la *Société d'Encouragement pour l'Industrie nationale*, il prenait part aussi à ses séances, à ses concours, à ses études, ne se dérobant à aucune tâche quand elle lui apparaissait comme un service à rendre ou un devoir à remplir. « C'est ainsi, disait M. Cheysson, c'est ainsi que nous l'avons connu dans notre Conseil, où il était entré, par le *Comité du Commerce*, en 1890. Assidu à nos réunions, participant activement aux travaux de son Comité, il nous a présenté, notamment sur la paix des ateliers, sur les accidents du travail, sur la comptabilité industrielle, des rapports où l'on retrouve toutes ses qualités d'expérience, de conscience et de bonté (1). »

Quelque actif que fût cet apostolat, quelque répétés que fussent ces efforts pour servir ce qu'il jugeait vrai, cela ne pouvait suffire à Alexandre Gibon, qui, à Montataire comme à Commentry, s'était révélé avant tout comme un esprit pratique. Le discours et le livre ne lui paraissaient que des moyens de faire connaître ce que l'expérience recommande de mettre à exécution, et il entendait surtout prêcher d'exemple. Aucun sacrifice ne lui coûtait quand il fallait encourager une initiative philanthropique ; il trouvait toujours des fonds pour souscrire quelques actions, et du temps pour donner un concours recherché dans tous les conseils. Il ne dispersait point son activité sur des objets divers, et faisait converger ses efforts à réaliser dans les faits ce qu'il recommandait dans ses écrits. C'est ainsi qu'il fut vice-président de la Société « *La Fourmi* », pour soutenir et provoquer les habitudes d'épargne, qu'il considérait à juste titre comme la première étape dans la voie du progrès et de l'indépendance pour l'ouvrier. De même, il siégeait au Conseil de la *Société anonyme des habitations à bon marché de Saint-Denis*, car un foyer sain était, à ses yeux, une indispensable nécessité pour la vie de famille, la concurrence la plus efficace contre le cabaret, une condition nécessaire à l'hygiène comme à la moralité et au bien-être ; — au Comité technique de la *Ligue nationale de la mutualité*, pour élucider les questions délicates d'assurances et stimuler la prévoyance sous ses formes multiples ; — au Conseil

---

1. Notice nécrologique lue devant la *Société d'Encouragement*, dans sa séance du 12 mars 1896.

d'administration de l'*Association coopérative des armées de terre et de mer*, qu'il parvint à remettre en marche pour plusieurs années, après une crise où elle aurait sombré, sans l'intervention de son habileté prudente et dévouée.

Mettre ainsi sa haute compétence en affaires, ses règles de comptabilité exacte et son infatigable désintéressement au service de ceux qui ont besoin d'être aidés pour améliorer leur état matériel et moral, c'était faire encore dans la retraite ce qu'il avait fait dans sa carrière active : c'était exercer, au sens le plus élevé du mot, le patronage volontaire qui est le devoir de tous ceux auxquels la Providence a octroyé la fortune, l'éducation, les moyens d'action. Alexandre Gibon se plaisait à redire avec F. Le Play que ces biens enviés ne sont pas départis à des privilégiés pour accroître leurs jouissances, mais pour devenir, par leur intermédiaire, profitables aux humbles et aux déshérités. Pour lui, comme pour tous ceux qui ont manié les hommes, le nivellement haineux rêvé par la démocratie n'est que l'égalité dans l'abaissement, et il savait qu'à tous les degrés le vrai progrès exige la hiérarchie du travail et de la vertu. « La classe supérieure, répétait-il avec Le Play, c'est l'ensemble des personnes qui, après avoir rempli leurs devoirs de famille, emploient leur temps et leurs ressources dans l'intérêt de la classe inférieure et du public (1). » Belle définition, qui exprime, d'après les enseignements de l'histoire, que les dons heureux de la richesse et de l'intelligence ne créent qu'une supériorité éphémère et malsaine, triomphe momentané de l'égoïsme, quand leurs détenteurs ne les

---

1. *Les Ouvriers européens*, t. Ier, p. 448.

emploient qu'à multiplier leurs gains ou accroître leurs plaisirs, tandis que le dévouement au bien public, traditionnellement continué, fait les prééminences sociales légitimes, respectées et durables.

Exercer de la sorte ce patronage élevé à l'heure où le repos commence pour la plupart, c'était, aux yeux d'Alexandre Gibon, poursuivre ses devoirs d'état et faire servir les œuvres pratiques à leur accomplissement efficace. Toute sa conduite a toujours paru réglée par les conseils de Bourdaloue : « Il faut s'avancer dans la perfection de son état, parce que c'est ce que DIEU veut de nous... parce que la volonté de DIEU est que chacun soit dans le monde parfaitement ce qu'il est... Si cela était, et que chacun voulût se réduire à être ce qu'il doit être, on peut dire que le monde serait parfait (1). » Ses actes comme ses écrits, les labeurs quotidiens de sa carrière comme les efforts de ses derniers jours, ont été sans cesse inspirés par le sentiment de la responsabilité qui incombe, à cet égard, au patron, au chef d'industrie, au directeur d'usine. C'était le sujet sur lequel il trouvait le plus utile d'insister, montrant tout le bien qu'on fait quand on maintient la stabilité de la vie et la continuité du travail, quand on améliore l'état matériel et surtout la condition morale des familles. Il ne se lassait pas de redire qu'il ne s'agit point d'une tutelle blessante pour la juste susceptibilité de l'ouvrier, mais d'une sollicitude protectrice, rendue plus nécessaire que jamais par le développement de la grande industrie. Celle-ci, en effet, attire de plus en plus les habitants des campagnes,

---

1. Sermon sur l'état de vie et le soin de s'y perfectionner. Edit. Lebel, t. VI.

elle les entasse dans des agglomérations manufactu-
rières où se multiplient, avec les cabarets, les occasions
et les facilités de tous les désordres, tandis que s'ac-
croissent, au contraire, les difficultés de la vie de
famille avec la précarité des ressources, la promiscuité
des foyers et la cherté des logements. Atténuer, dans
toute la mesure possible, les conséquences douloureuses du progrès industriel, c'est le plus grand devoir
de ceux qui dirigent les ateliers de travail.

Aussi, aurait-il voulu qu'un enseignement particulier
à l'Ecole centrale initiât à ces vérités et dressât à leur
pratique ceux qui plus tard seront appelés à constituer
l'état-major de notre industrie nationale. La complexité
du programme déjà surchargé et surtout les difficultés
que rencontre toute idée nouvelle ne permirent pas
alors le succès, malgré des négociations longues et
répétées. Mais la question du moins est posée et la
solution n'en peut être longtemps différée : on ne
saurait tarder à faire pour les ingénieurs des arts et
manufactures, qui en ont le plus grand besoin, ce qu'on
fait déjà pour les ingénieurs de l'Etat, à l'Ecole des
Ponts et Chaussées et surtout à l'Ecole des Mines.

Au soir de sa vie comme pendant les heures les plus
actives de sa carrière, il savait toujours faire large la
part de l'amitié. Il trouvait le temps et les forces pour
aider sans se lasser jamais, ceux qui lui étaient chers,
s'ils étaient engagés dans les crises parfois aiguës d'entreprises considérables. Pour les assister de ses conseils
si sûrs et de son habileté si connue, rien ne coûtait à
son affection, ni les voyages répétés, ni les longues
démarches, ni les labeurs ingrats de la procédure ou

de la comptabilité. Que de fois il parvint à leur faire franchir les mauvaises passes pour atteindre un port inespéré ! Sa correspondance en offre de nombreux exemples, et pour redire ce qu'il fut ainsi dans le cercle de l'amitié, on relèverait aisément cent témoignages semblables au suivant : « Son dévouement n'avait point de bornes : il saisissait l'occasion et prenait même l'initiative de se consacrer aux intérêts de tels de nos camarades de l'École centrale qu'il avait eu la bienveillance d'en juger dignes. Alors, avec une abnégation bien rare, au milieu de tant d'autres occupations d'intérêt social, déployant une ingéniosité de cœur qui n'avait d'égale que son expérience consommée des grandes affaires industrielles, il s'identifiait avec la cause si généreusement prise à cœur, et, sans trêve, ni repos, multipliait conseils et démarches, imaginait tels modes de solution appuyés sur des données tout à fait imprévues. Tel a été pour moi cet homme de mérites si exceptionnels. L'appui de M. A. Gibon, surtout au point de vue moral, m'a soutenu très efficacement au milieu de luttes et de difficultés extrêmement graves et a puissamment contribué à m'en alléger le poids. Il m'est doux et agréable de rappeler maintenant ces circonstances pénibles, tout en déplorant que mon vénérable ami n'ait pu voir l'amélioration qu'il avait préparée, et qui est d'autant plus remarquable à signaler qu'elle est restée longtemps plus invraisemblable à obtenir. »

Toute sa vie, dans sa correspondance sans cesse étendue dans un large cercle de relations, Alexandre Gibon a entretenu avec des esprits d'élite un échange de vues sur les plus hautes questions de morale religieuse comme sur les problèmes d'économie sociale. Une grande sûreté dans le jugement, une inaltérable tolérance dans la discussion, une ferme sincérité dans la conviction, un complet accord entre les actes et les paroles : tout contribuait à lui donner une persuasive autorité, même auprès de ceux que des opinions toutes contraires semblaient séparer de lui. « Vous n'êtes pas irréligieux, écrivait-il un jour à l'un de ces derniers qu'il affectionnait particulièrement ; vous me faites peine quand vous vous qualifiez ainsi, et surtout quand vous le faites dans vos écrits, ce qui arrive quelquefois. Vous, vous n'êtes pas irréligieux : tout ce que vous faites chez vous, comme père de famille, votre dévouement à vos amis, votre charité, votre sacrifice incessant pour les masses, tout cela est l'application soutenue de l'esprit chrétien. Levez plus haut les yeux vers le firmament, cherchez le génie du christianisme dans ses œuvres, et vous vous reconnaîtrez vous-même, j'en ai la conviction profonde. » Personne ne peut dire quel apaisement moral a produit silencieusement dans certaines âmes ce commerce intime, commencé jadis par des lettres fréquentes, continué plus tard par de longues causeries. Mais plus d'un de ceux qui en ont profité s'est plu à redire tout le bien qu'il en avait tiré.

Si Alexandre Gibon avait partout le constant souci du devoir, c'est qu'il puisait aux sources les plus hautes l'inspiration de sa conduite et les règles de sa vie. De solides convictions religieuses l'ont toujours éclairé et guidé, et, dans la modestie de ses habitudes, il donnait les exemples fortifiants de la pratique chrétienne. A cet égard, son influence sur le personnel groupé autour de lui avait été grande par la seule contagion du bien. Il en avait accru prudemment l'efficacité par une entente cordiale avec le vénérable pasteur de Commentry. En outre, le zèle du directeur avait valu, à la population des Forges, des écoles modèles pour l'éducation des garçons et des filles. Quand, sous la pression des événements, la Compagnie abandonna cette partie de son œuvre patronale, Alexandre Gibon n'hésita pas, nous l'avons vu, à la reprendre avec l'aide d'une société civile, afin de continuer, par la liberté, ce que la persécution voulait détruire.

A Paris, plus libre, il fit davantage. Son fils, M. Fénelon Gibon, avait acquis une situation considérée comme secrétaire-adjoint du *Comité catholique* et de la *Société générale d'Education*, qui, avec son *Bulletin* justement apprécié, défend vaillamment l'enseignement libre et chrétien. Dès le premier jour, car il y retrouvait de précieuses amitiés, Alexandre Gibon s'y associa par un concours largement donné. L'*Association pour le repos et la sanctification du dimanche* l'attira également, et dans des rapports précis, illustrés de nombreux exemples, il fit voir, avec les détails les plus pratiques, ce qui est et ce que pourrait être le repos dominical dans les diverses industries.

Un peu plus tard, en 1890, des entraînements généreux, mais irréfléchis, menaçaient d'entraîner une partie du jeune clergé et beaucoup de catholiques à sa suite, dans une voie dangereuse qui, malgré ses détours, ne pouvait conduire qu'au socialisme. La haute parole de Mgr Freppel avait dénoncé le péril dans un Congrès tenu à Angers. Claudio Jannet et les plus

autorisés parmi les catholiques français voulurent au
moins mettre en garde les esprits inattentifs, si aisément portés, surtout en ces matières, à obéir au sentiment et à l'émotion. C'est, au contraire, aux catholiques qu'incombe particulièrement le devoir d'études
sérieuses et loyales. « La grande poussée démocratique
qui agite le monde du travail, disait Claudio Jannet,
ne peut, en effet, tourner à bien que s'ils y apportent,
non seulement du dévouement, mais une intelligence
exacte des situations. Si par malheur, imitant le pro-
cédé des politiciens, ils cherchaient uniquement à prendre dans la question sociale une attitude de parti dont
ils s'imagineraient tirer profit pour leur cause, leurs
efforts n'aboutiraient qu'à faire le jeu des hommes de
désordre... » « Aujourd'hui, ajoutait-il, l'économie politique scientifique, et non fantaisiste, est le meilleur auxi-
liaire de la religion dans sa lutte contre le socialisme
qui va être la grande hérésie du siècle prochain. » (1)
De là est née, comme une protestation contre un
danger présent, la *Société catholique d'Economie politique et sociale* dont Alexandre Gibon fut un des fondateurs, à côté de Mgr Freppel, Mgr d'Hulst,
MM. Buffet, Lucien Brun, Keller, Claudio Jannet,
Hubert Valleroux, le R. P. Forbes, etc. Elle aborde
tous les sujets que les débats parlementaires ou les
événements quotidiens mettent à l'ordre du jour ; elle
les examine à la lumière des principes de la théologie,
du droit et de la science économique ; elle donne ainsi
aux catholiques, à une heure de crise, des opinions et,
par suite, des directions dont l'autorité se recommande

---

1. Les catholiques et l'économie politique, *Réforme sociale*, 16 nov.
1894.

à tous dans les questions les plus controversées. Alexandre Gibon, qui devint bientôt vice-président de cette Société, était fort assidu à ses séances, prenait part à toutes les discussions, et lui-même présenta des rapports sur les accidents du travail et sur les conseils d'arbitrage, heureux de défendre, là aussi, les convictions appuyées sur l'expérience de sa vie, et de combattre les utopies dissimulées sous des formules retentissantes.

Mais il y a plus : s'il est bien de travailler à ramener à la pratique des saines coutumes des ateliers les patrons et les ouvriers qui les ont méconnues, il est non moins utile d'instruire de leurs devoirs ceux qui entrent dans la vie industrielle avec mission de la diriger. Ce qu'il n'avait pu faire à cet égard à l'Ecole centrale, Alexandre Gibon fut appelé à le réaliser, pour la jeunesse chrétienne, sur le terrain plus large de la liberté. Dès qu'il connut les efforts que faisait alors le R. P. Tournade, de la Compagnie de JÉSUS, pour organiser l'*Union des ingénieurs catholiques*, il fut, plus que tout autre, frappé par le haut caractère d'utilité de cette œuvre, et s'y donna avec une sollicitude toute rajeunie, malgré le déclin de ses forces. Etablie entre les élèves et anciens élèves de l'Ecole centrale des arts et manufactures, cette association, née dans une pieuse retraite, conserve avant tout un caractère religieux. Elle offre à ses membres un appui précieux pour marcher droit aux heures difficiles de la jeunesse ; elle leur assure des moyens de travail et une bibliothèque ; elle ouvre des conférences pour l'étude des questions ouvrières ou techniques ; elle facilite aux patrons chrétiens le choix de collaborateurs capables de les seconder dans leur mission humanitaire et rend par là moins difficile à ses membres l'entrée dans l'industrie. Ce fut, sur ses derniers jours, l'œuvre de prédilection de celui dont les années de jeunesse avaient été si éprouvées et les débuts si laborieux : il se plaisait à rendre pour ses jeunes successeurs la carrière plus aisée dans les commencements, plus féconde par les résultats. A les servir ainsi, en multipliant les conférences pour préciser le but de l'Union et les efforts pour lui assurer le concours d'ingénieurs éminents, Alexandre Gibon dépensa les restes de ses forces défaillantes. Après lui et pour continuer ses dernières pensées, ses enfants attribuèrent à l'Union des ingénieurs catholiques la plus grande partie des livres qui formaient sa bibliothèque économique et industrielle, à la fois comme un encouragement permanent au labeur et comme un témoignage de sympathie suprême.

Ce n'était pas impunément qu'à son âge — il atteignait soixante-quinze ans — l'ancien directeur de Commentry avait subi le surmenage de la vie de Paris. Acharné au travail, n'acceptant aucune de ses charges comme honorifique, tenant à donner partout un concours effectif, préparant avec maturité les affaires dont il ne savait pas refuser le poids souvent considérable, accablé par des rendez-vous et une correspondance que son amitié dévouée ne voulait pas réduire, ne se dérobant à aucune demande de services et multipliant les démarches utiles aux autres, il ne terminait d'ordinaire sa journée que fort tard. Encore était-ce fréquemment par quelque réunion dont il mettait en ordre les notes avant de prendre un peu de repos, avec plus d'agitation nerveuse que de calme véritable. Qui ne se serait usé à ce labeur intense ? Et pourtant, ses heures étaient si bien ordonnées qu'il suffisait à tout, ne paraissant jamais pressé, affable à tout visiteur, prêt à tous les devoirs de famille et d'amitié. Une terrible épreuve vint tout à coup le frapper. En quittant Commentry, Madame Gibon avait ressenti très vivement la tristesse d'une rupture d'habitudes et d'un complet changement de vie. Elle laissait derrière elle une fille, heureuse sans doute à son foyer et très honorablement mariée dans une famille justement estimée ; mais jusqu'alors elle ne l'avait pas quittée et l'absence de ses six petits enfants faisait autour d'elle un vide silencieux. En vain lui disait-on qu'elle se rapprochait d'un fils tendre et respectueux, d'une belle-fille accomplie et de petits enfants dont le sourire n'était pas moins gracieux : « On ne transplante pas un vieil arbre, » répondait-elle avec une tristesse résignée. Et de fait, malgré des amitiés qu'elle prisait fort, malgré l'affection de tous les siens, elle se laissa envahir par un morne chagrin, se confina chez elle et perdit peu à peu ses forces. Transportée à Montluçon chez sa fille, elle s'endormit pieusement le 1er août 1893, entourée des soins assidus de son mari et de tous ses enfants, soutenue par les espérances éternelles, laissant dans la mémoire de tous le souvenir vénéré d'une mère de famille courageuse et forte, uniquement occupée du bonheur des siens.

La secousse fut rude pour celui qui rentrait seul à son foyer silencieux, après quarante-six ans d'une vie commune de tendresse et de dévouement. Les fatigues et les angoisses des dernières semaines, accrues encore par la nécessité de voyages précipités, provoquèrent dans sa santé une crise des plus alarmantes dont les soins éclairés de son médecin, le docteur Ferrand, eurent peine à triompher. Il eût fallu le calme et le repos ; au contraire, à peine convalescent, Alexandre Gibon reprit, avec une âpreté désormais sans trêve dans son isolement, les habitudes de surmenage contre lesquelles personne ne pouvait plus lutter. Cette activité sans mesure n'obéissait à aucun frein, ni à l'avertissement de rechutes redoutées, ni aux supplications de ses enfants inquiets. Il sembla un moment reprendre le dessus et retrouver même des forces nouvelles, à la fin de 1895. Il s'en félicitait, se trouvant mieux de jour en jour, et ses amis eux-mêmes se laissaient tromper par les apparences rassurantes.

Il n'y avait là qu'un répit, hélas! bien éphémère. Avant la fin de janvier, sorti, malgré les recommandations du médecin, pour assister à une réunion importante du *Génie civil* et pour s'occuper aussi du placement d'une enfant abandonnée, Alexandre Gibon fut atteint par une congestion pulmonaire d'une soudaine gravité. Il entendit de lui-même l'appel de DIEU, et, chrétien résigné, courageusement il se prépara à y répondre. Le R. P. Tournade l'assistait et soutenait l'énergie de ses enfants par les espérances de la foi. Sa fille, installée près de lui, son fils et sa belle-fille, sa sœur, une fidèle domestique attachée depuis plusieurs années à la famille, l'assistaient avec une affectueuse assiduité. Tous se rappellent avec quelle piété simple, quelle sérénité calme il reçut à cette heure suprême les secours de la religion.

Une fois de plus, le mal fut un moment enrayé. La congestion du moins était dissipée, mais les forces s'épuisaient de jour en jour. Une neurasthénie aiguë, compliquée d'une affection du cœur, allait lui infliger quelques semaines d'un dépérissement lent et fatal ; il eut encore quelques rares accalmies, mais il ressentait le plus souvent de vives souffrances, toujours acceptées par le chrétien sans l'apparence d'un murmure.

Celui qui, pendant une longue vie, avait déployé une si rare puissance de travail et une activité sans égale, est maintenant brisé, vaincu par la maladie. Pendant ces derniers jours de lutte, ne supportant le lit qu'avec peine, il restait plutôt assis, enveloppé de couvertures, entre son bureau et sa bibliothèque, dans le nouvel appartement qu'il venait d'installer avec le soin qu'il apportait en toutes choses. C'est là qu'il accueillait encore, avec un bon sourire, les quelques intimes qui, pour un court instant, avaient accès auprès de lui. Il régla ainsi, avec une pleine lucidité, et ses affaires de famille ou de fortune, et les détails de ses funérailles.

C'est aussi au chevet du grand-père mourant que furent bénies les fiançailles de l'aînée de ses petites-filles, Mlle Agnès Fayolle, qui s'unissait au fils d'une de nos plus honorables familles industrielles, M. Emile Sallandrouze, d'Aubusson. Quelle gravité émue dans les souvenirs et les traditions des deux familles, rappelés en quelques mots, comme des exemples, par le Père Tournade qui passait les alliances aux doigts des fiancés ! Il y eut peut-être quelque chose de plus touchant encore que la bénédiction donnée par cette main défaillante à de jeunes et gracieuses espérances : ce furent les conseils sages et fermes qui descendirent lentement de la bouche du grand-père ; l'approche de l'heure suprême donnait une majesté particulière à cette scène dont la grandeur patriarcale s'est gravée pour toujours dans le cœur de ses enfants.

Par sa piété résignée, celui auquel la mort ne laissait plus que quelques instants de lumière et de vie, faisait l'édification de tous : des RR. PP. Forbes et Tournade qui recevaient ses intimes confidences, de ses enfants qui ne le quittaient plus, de sa sœur qui l'affectionnait si profondément, et de ceux qui les aidaient à adoucir de pénibles souffrances par une sollicitude dévouée. « Maintenant, disait-il un jour à son fils, maintenant, mon ami, ma tâche est remplie. A ton tour, quand tu auras parcouru ta carrière, et que tu seras arrivé au point où je suis, tu partiras sans regret. Pour vivre un instant de plus, je ne ferais pas cela. » Et d'un geste expressif, il marquait son détachement de toutes choses après sa journée finie. A ceux qui restaient à la tâche après lui, à son fils surtout, il recommandait de ne point se laisser entraîner par une activité trop zélée, jusqu'à excéder leurs forces. « Tout le monde, disait-il, n'est pas une Jeanne d'Arc. Ah! quand on est appelé, il ne faut pas hésiter ; mais quand on est, comme toi, chargé de famille, il faut, avant tout, faire son devoir au jour le jour et rester soumis à ses chefs. »

Peu à peu cependant, ces entretiens, dont le souvenir demeure ineffaçable dans la mémoire des siens, se faisaient plus rares. Par moments et à maintes reprises, il revenait encore sur les recommandations dont il avait à cœur d'assurer l'exacte réalisation. Les forces, hélas ! déclinaient rapidement, la connaissance se voilait par instants, l'heure suprême était arrivée. Le 7 mars 1896, il s'éteignit dans les bras de ses enfants. Ses funérailles furent célébrées à Paris et ensuite à Montluçon, où l'inhumation eut lieu le 11 mars. De nombreux amis vinrent rendre les derniers honneurs à celui dont la vie avait été toute entière un exemple de travail et de vertu. Plusieurs discours furent prononcés ; à Paris, M. H. Rémaury parla au nom de l'*Ecole centrale* et du *Génie civil;* celui qui écrit ces pages eut l'honneur de saluer d'un hommage reconnaissant l'ancien président de la *Société d'économie sociale* et le correspondant des *Unions de la paix sociale*, le collaborateur d'œuvres actives de propagande religieuse ; M. Cheysson se fit l'interprète des amis, et surtout de la famille ouvrière, envers celui qui avait été pour elle un père plein de sollicitude. A Montluçon, où toutes les usines et les houillères avaient été représentées par leurs directeurs et par des délégations de leur personnel, M. Teillard a pris la parole au nom de l'*Association amicale des anciens élèves de l'Ecole centrale*, et M. Mesuré, ingénieur directeur de l'usine de Saint-Jacques, a dit un dernier adieu, au nom de la *Société de Châtillon-Commentry*, à celui qui, pendant plus de trente-trois ans et sans compter ses peines, l'avait servie de ses qualités éminentes.

Et maintenant il dort en paix, non loin de ces ateliers dont il a tant contribué à développer la vivante activité. De tous les hommages qui lui ont été rendus, des simples pages qu'on vient de lire aussi, se dégagent les quelques traits qui graveront son image dans la mémoire de ceux qui l'ont approché.

Il fut homme de labeur et de bonté, de désintéressement et de devoir.

Pauvre et orphelin, il dut, pendant de longues années de privations et de travail, lutter péniblement pour conquérir le pain quotidien, et, jusqu'à la fin, ces habitudes laborieuses ont été sa vie même.

Trop souvent, de si dures épreuves, en stimulant l'énergie personnelle, amoindrissent, par leur âpreté et leurs déceptions, les qualités du cœur. Il en fut autrement pour lui : tout jeune, il était reconnaissant ; plus tard, il fut toujours affable pour les débutants, bienveillant pour les humbles, indulgent pour tous ; joyeux d'un service à rendre ou d'une bonne œuvre à faire, et jusqu'à l'épuisement de ses forces, il se montra le plus généreux des parents, le plus dévoué des amis. Animé de l'incessant désir d'être utile aux autres, il acceptait avec empressement, il recherchait même les tâches les plus ingrates, et s'en acquittait avec une sérénité vaillante qu'aucune difficulté ne pouvait rebuter.

A chaque étape d'une carrière bien remplie, son principal souci était la responsabilité qui pesait sur lui, surtout au regard des familles ouvrières groupées dans ses ateliers. Il sentait que devant DIEU il en avait la charge, et qu'il devait remplir vis-à-vis d'elles les devoirs de la paternité.

Ingénieur, directeur d'usine, chef de nombreux travailleurs, ce qu'il était, il le voulait être avec perfection, et pour remplir ainsi ses obligations d'état, c'est à la foi et aux amitiés chrétiennes qu'il demandait d'éclairer sa route et de soutenir ses pas.

Voilà pourquoi le récit de cette vie modeste n'est pas sans comporter de salutaires enseignements. Tous, ainsi qu'il le disait un jour dans ses derniers entretiens, ne sont point appelés à une tâche héroïque ; mais chacun doit, à son exemple, suivre la volonté de DIEU et travailler de son mieux, au poste où la Providence l'a placé, à faire régner la paix parmi les hommes.

C'est la voie du salut, « car n'espérons pas, chrétiens, trouver jamais la sainteté ailleurs que dans la perfection de notre état (1). »

1. Bourdaloue.

ANNEXES.

Bibliographie raisonnée des publications principales d'Alexandre Gibon.

Détestant les utopies, mais sans amertume, Alexandre Gibon fut, dans tous ses livres, le plus courtois des adversaires. La sûreté de ses jugements, la modération de son langage, le sens pratique que lui donnait son expérience et l'affection véritable qu'il portait à l'ouvrier, tout assurait à ses moindres écrits une valeur solide. On a pu l'injurier, même à propos de sa meilleure fondation, on n'a point essayé de réfuter ses travaux. Tous ont été remarqués des hommes qui conduisent les ateliers de travail et qui, en quelque sorte, « vivent les questions sociales ». Leur rayonnement s'est même étendu au-delà de ce cercle.

Un avocat célèbre, M. Oscar Falateuf, ancien bâtonnier à Paris, lui disait dans une lettre pleine de sens et d'humour : « Dans toutes les questions sociales, j'ai une défiance absolue de l'homme de parole et de l'homme de plume. Je ne nie pas leur utilité : ils sont nécessaires pour répandre, vulgariser ce qu'a conçu et exécuté l'homme d'action, mais je ne leur accorde pas d'autre valeur que celle d'un traducteur ; et le traducteur ne vaut que s'il est fidèle. Or, combien de traducteurs sont infidèles !!... L'homme de parole et de plume écrit généralement pour plaire ; c'est plus fort que lui : il faut qu'il pose... Vous, homme d'action, vous avez écrit pour enseigner, pour rendre compte de ce que vous avez observé, vu, conclu ; vous m'instruisez. »

Rien n'est plus instructif à cet égard que *Le Patrimoine de l'ouvrier.*

« Je croirais manquer à un devoir de reconnaissance, lui écrivait un savant général, M. le général Pierron, actuellement commandant du 7e corps d'armée, si je ne vous exprimais point la profonde admiration que j'éprouve pour la solution excellente que vous avez donnée à la question sociale par la création d'un patrimoine pour l'ouvrier, et je dois dire que toutes les personnes en France et à l'étranger devant lesquelles je l'ai exposée, l'ont jugée la plus parfaite de celles qui ont été présentées jusqu'à ce jour. »

C'est pourquoi tous ceux qui cherchent dans les études sociales, non pas un tremplin pour leur ambition personnelle, mais un moyen d'atteindre une part de vérité, de réaliser un peu de bien et de faire régner la paix entre les hommes, voudront lire, relire et méditer les écrits d'Alexandre Gibon.

I.

OUVRAGES, MÉMOIRES ET BROCHURES.

Sociétés coopératives. — **La Société de consommation des Forgerons de Commentry ; 1883.** — Broch. in-8º, 41 p. [Extrait du *Bulletin de la Société d'économie sociale*, t. VIII, 2e part.].

Etude des sociétés coopératives d'après la pratique suivie

à Commentry. L'auteur examine les caractères de la Coopération pour la consommation, le crédit, la production. Il
rappelle et cite le mémoire présenté par la Compagnie de
Châtillon-Commentry pour le Nouvel Ordre de récompenses
de 1867, et fait voir comment la Société coopérative des
Forgerons a été créée pour faire l'éducation économique des
ouvriers. Analyse des statuts et des bilans. Exemples d'autres sociétés coopératives dans la grande industrie ; leur
succès est dû au concours d'un patronage intelligent et
sérieux. Remarques sur les conditions spéciales où se trouve
le personnel, surtout dans une industrie naissante, et sur la
nécessité de le garantir contre l'exploitation. Les efforts
remarquables du patronage en France permettent de bien
augurer de l'avenir. — En annexes : statuts, bilans, comptes
divers...

**La Société coopérative de consommation des
Forgerons de Commentry** ; annexe au rapport
du 22 mai 1883 ; broch. in-8°, 16 p. avec tableaux ;
[Extrait de la *Réforme sociale*, 15 janvier 1887.]

Discussion des résultats obtenus par la Société de consommation pendant les années 1881 à 1886, d'après les sept
derniers inventaires trimestriels. Rappel des statuts et de
l'histoire de la Société depuis sa fondation en 1867 jusqu'en
1881. Dans les quatre dernières années, le chiffre d'affaires
a monté à 2.313.322 fr. et les bénéfices totaux à 290.515 fr.,
dont 240.460 fr. distribués. Le total des bénéfices depuis
1867 est de 1.254.119 fr. dont 1.019.977 fr. distribués, et le
reste mis en réserve. La Société de consommation conduit
à l'épargne, donc elle élève l'ouvrier par l'indépendance ; elle
fait son éducation économique, lui permet de comprendre
les difficultés de l'industrie, du salaire, etc. ; elle est ainsi un
instrument de progrès et de paix sociale.

Le Patrimoine de l'Ouvrier ; 1885. — Broch. in-8°, 31 p. [Extrait du *Bulletin de la Société d'Économie sociale*, t. IX, 2e part.]

Très importante étude dont le résumé suivant fait comprendre l'intérêt : Situation actuelle de l'industrie, nécessité d'unir le capital et le travail, d'instruire l'ouvrier à régler son budget, en vue de l'épargne, pour constituer le patrimoine. Des divers modes de rémunération du travail : travail agricole, rémunération du métayer, patrimoine du métayer. Parallèle entre le cultivateur-métayer et l'ouvrier industriel. Résultats précis du métayage ; pourquoi l'ouvrier ne les obtient pas. Patrimoine créé en faveur du personnel de la Compagnie d'Assurances générales ; l'usine de Mazières ; application du système de M. de Courcy. Conditions de la grande industrie, les Houillères, rapport de M. O. Keller ; institutions de prévoyance ; vains résultats que donnerait la participation. Le commerce de détail est, pour l'ouvrier de la grande industrie, le premier ennemi. Première base du patrimoine : Société coopérative de consommation. Deuxième base : Primes spéciales. Troisième base : Allocations patronales. Projet de solution pour la fondation du patrimoine. Rapprochements des conclusions de cette étude avec les conditions formulées par Le Play pour la paix des ateliers.

La liberté du travail et les grèves ; Paris, Guillaumin, 1888. — Broch. in-8°, 60 p. [Extrait de la *Réforme sociale*, 16 mars — 1er juin 1888.]

« La présente étude, dit l'auteur, a pour but de démontrer combien les faits peuvent être en opposition avec les principes, combien aussi les lois les plus précises sont aisément négligées, quand, dans leur application, elles contrarient certains calculs ambitieux. Depuis un siècle, la liberté du travail est proclamée : on verra comment cette liberté a été méconnue, combien souvent l'intérêt des travailleurs a été sacrifié. » Le mémoire est divisé en trois parties : I. La Législation 1793-r888, les anciennes corporations et leur suppression ; lois des 14-17 juin 1791, du 22 germinal an XI, de 1810, de 1849, de 1864. La Société des Ingénieurs civils et l'étude de la loi sur les coalitions en 1872. La commission royale du travail en Belgique, 1886. La création des conseils de l'industrie et du travail en Belgique. Les conseils libres d'arbitrage institués en Angleterre. La loi de 1884 sur les syndicats professionnels. Coup d'œil sur la législation étrangère. — II. Monographies. La grève d'Anzin. La grève de Decazeville. La grève de Vierzon. Grève des verriers et des porcelainiers de Vierzon. — III. Conclusions. La liberté du travail, proclamée depuis 1791, n'existe pas encore aujourd'hui. Les mesures de patronage et le retour aux six pratiques recommandées par Le Play. Le gouvernement républicain est habituellement impuissant à protéger la liberté du travail. La conciliation doit précéder la mise en état de grève. L'épargne prépare et assure la liberté du travail. La réforme personnelle des classes dirigeantes : l'éducation économique et sociale de l'ingénieur. — En annexes : textes ou extraits des lois et projets cités ; note sur les menées des grévistes dans le Nord.

Les garanties pour les fonds d'épargne et de prévoyance; 1888. — Broch. in-8º, 30 p. [Extrait de la *Réforme sociale*, 16 juillet 1888.]

Ce n'est pas tout de provoquer l'épargne, il faut la conserver et la faire fructifier. Comment offrir toute sécurité pour l'emploi des fonds de prévoyance et d'épargne ? Pour les ouvriers ruraux, peu de difficultés, la terre est le placement préféré. Pour les ouvriers de l'industrie, au contraire, grandes difficultés parce qu'ils sont inexpérimentés, peu éclairés et sans cesse sollicités par des tentations variées. Le concours de l'État ? il ne faut lui demander que le service de contrôle. Les fonds de prévoyance du personnel ne doivent pas être engagés et aventurés dans l'affaire : ils doivent être disponibles. Donc recourir à l'action privée, inspirée par le devoir du patronage et appuyée par l'association. Exemples de la *Fourmi* et du *National Penny Bank*. Associer les ouvriers par groupes, sous l'action des patrons ; former des syndicats en vue de l'administration des épargnes ; institutions patronales pour susciter l'épargne naissante et la gérer tant qu'elle est minime ; habituer ainsi les ouvriers à faire eux-mêmes leurs affaires.

Des divers modes de rémunération du travail,

1890, in-8°, 52 p. ; rapport présenté au Congrès des Sociétés savantes le 31 mai 1890. [Extrait des *Mémoires de la Société des Ingénieurs civils*, août 1890.]

Mémoire répondant à la question : « Étudier les moyens de faciliter l'arbitrage et la conciliation entre patrons et ouvriers. » — La première partie examine le salaire à la journée, à la tâche, à façon, aux pièces, les sursalaires, les primes et les subventions de toute nature : logement, écoles, coopération, secours, etc. La seconde, la plus importante, discute principalement le système de la participation aux bénéfices, les espérances de ses fondateurs, les réalités de son application, les conditions de son fonctionnement. Par le grand nombre des faits recueillis comme par la haute expérience de son auteur, cette étude est particulièrement utile aux patrons et aux ingénieurs qui ont la mission sociale de diriger les ateliers de travail. « Nous voulons, dit l'auteur en terminant, nous voulons élever l'ouvrier au rang de collaborateur, nous voulons que son salaire soit lié à tous les intérêts auxquels il coopère, nous en faisons réellement un associé au succès de l'industrie. Ce succès, c'est sa fortune, c'est *l'entente complète touchant la fixation du salaire*, c'est la paix. »

Les accidents du travail et l'industrie ; Paris, Guillaumin, 1890. 1 vol. in-4°, 250 p.

Étude faite sous les auspices du Comité des houillères de France et fort remarquée au cours des enquêtes et discussions qui ont accompagné la longue préparation de la loi. L'état nouveau de l'industrie, avec ses agglomérations ouvrières et ses puissants engins, a entraîné des conditions nouvelles : « C'est ainsi qu'on a créé *le risque professionnel :* on ne doit plus le discuter, on doit le comprendre, l'admettre, le subir.» Le cadre de ce mémoire embrasse six parties. I. Aperçu général sur ce qui existe à l'étranger, Allemagne, Autriche, Italie, Suisse, Angleterre, Russie, Belgique, Espagne et Suède. II. Étude complète des règlements préventifs et des inspections nécessaires, ainsi que des conditions d'hygiène des industries insalubres. III. Statistiques officielles et enquêtes privées ; conséquences à en tirer au point de vue des capitaux indispensables au service des pensions. IV. Enquête spéciale du Comité des houillères ; le but de la loi doit être de développer les bonnes coutumes ; rareté des accidents graves ; multiplicité des caisses de secours pour les accidents légers. V. Examen des caisses de secours mutuels et des institutions patronales. VI. Enfin, discussion des projets de loi déposés au Parlement (avril 1890) ; limitation du risque professionnel, fixation d'un maximum dans le calcul de l'indemnité d'après le salaire, insuffisance des prévisions de charges, liberté de l'assurance compromise par la concurrence de la caisse d'État, etc. — En annexes : Texte des lois ou projets de lois, extraits de statistiques, tableaux, etc.

La Paix des ateliers. — Institutions de nature à faciliter la conciliation et l'arbitrage entre patrons et ouvriers ; 1891, in-8°, 54 p. ; rapport présenté au Congrès des Sociétés savantes, le 25 mai 1891. [Extrait des *Mémoires de la Société des Ingénieurs civils*, juin 1891.]

Présenté au nom de la Société des Ingénieurs civils, ce rapport donne l'état complet de la difficile question à laquelle il est consacré. Dans la première partie, il étudie la responsabilité des patrons et des ouvriers, c'est-à-dire les grèves dans leurs causes et leurs résultats ; dans la deuxième partie, il passe en revue ce qui a été fait ou proposé pour la conciliation et l'arbitrage, non sans faire une large part aux exemples de la Belgique et de l'Angleterre. Le rapport conclut en demandant que toute grève soit précédée obligatoirement de 15 jours au moins, pendant lesquels le débat entre patrons et ouvriers sera porté devant un conseil de conciliation, et, s'il n'y a pas entente, devant un conseil d'arbitrage.

Les lois d'assurances obligatoires en Allemagne et le socialisme d'État; rapport à l'Assemblée des catholiques en 1892 ; broch. in-16, 24 p. [Extrait du Compte-rendu général.]

Résumé clair et précis rappelant ce qu'il faut entendre par risque professionnel, et quelles sont les conséquences du principe de l'obligation de l'assurance. Tableau des résultats de l'application des lois allemandes : 1° pour les accidents, surtout dans la métallurgie : augmentation du nombre des accidents et de la dépense par assuré; accroissement continu de l'invalidité partielle permanente ; projet de loi Ricard. 2° pour la vieillesse et l'invalidité : insuffisance de la pension, même différée à un âge avancé ; projet Constans et

Rouvier. — Conclusion : favoriser et appuyer les mesures préventives, même par des prescriptions légales ; maintenir la responsabilité de la faute lourde ; fixer un minimum d'indemnité ; écarter l'État de la gestion des caisses d'assurance, mais lui en donner le contrôle financier ; rejeter tout système d'assurances obligatoires.

La participation des ouvriers aux bénéfices et les difficultés présentes, 1892, 1 vol. in-8°, 135 pages. [Extrait du *Génie civil*.]

Étude considérable qui forme un petit volume et qui passe en revue, avec un visible souci d'impartialité et une incontestable connaissance des faits pratiques, tout ce qui concerne la participation aux bénéfices. Nul mieux que l'auteur n'a soigneusement distingué, d'une part, tous les modes divers d'intéresser le personnel au succès de la tâche commune, procédés connus de tout temps et variés comme les conditions elles-mêmes ; d'autre part, le système de la participation contractuelle souvent très vanté, mais plus rarement appliqué. Une analyse exacte permet à l'auteur de montrer en effet les difficultés d'application, notamment pour la fixation des bénéfices ou le contrôle des comptes. C'est ce qui explique à merveille que, en dépit des formules, la plupart des patrons dont l'exemple est invoqué en faveur de la participation, au lieu d'appliquer le « système », accordent seulement, sous des conditions dont ils restent juges, ces diverses additions de rémunération, ces « condiments du salaire, » tels que primes, sursalaires, etc. « Un mot, dit fort bien M. Vacherot, semble résumer toute la question : gratification au lieu de participation ; seulement il sonne mal aux oreilles de notre démocratie. » (*La Démocratie libérale*, nouv. édit., p. 352.) S'élevant au-dessus des querelles de mots, l'auteur rend hommage aux bienfaits du patronage éclairé qui, sans se laisser enfermer dans une formule à la mode, sait ingénieusement varier les efforts pour obtenir la permanence des engagements, favoriser la prévoyance et assurer la paix des ateliers.

La Grève de Carmaux. — De l'arbitrage et des conditions de l'harmonie dans l'industrie. — 1893, broch. in-8°, 87 p. [Extrait de la *Réforme sociale*, février-mai 1893.]

L'histoire de la grève de Carmaux met tout particulièrement en lumière l'action des agitateurs professionnels qui, à propos du renvoi d'un ouvrier inexécutant son contrat, a mis en chômage pour 80 jours 3.000 ouvriers ; qui a maintenu pendant ce temps une commune en insurrection vis-à-vis du gouvernement ; qui, finalement, a empêché l'arbitrage de produire ses effets et imposé la grâce des coupables. Les débats parlementaires ont permis à toutes les revendications de se faire jour, aussi bien sur la propriété des mines et la déchéance des concessions, que sur le contrat de travail, le salaire, etc. Le gouvernement a cherché l'apaisement dans la loi de conciliation et d'arbitrage qu'il a fait voter et qui se montre inefficace. Ce n'est pas assez de raconter en détail toutes les péripéties de cette grève lamentable, et d'analyser les débats parlementaires avec la discussion de la loi de conciliation et d'arbitrage devant les chambres : l'auteur veut déduire de cette étude de faits les conclusions pratiques qu'elle comporte. Il recherche donc les conditions de l'harmonie dans l'industrie. Les moyens propres à maintenir la paix sont déjà pratiqués. Les lois, malgré leur uniformité formaliste, peuvent être utiles, quand elles sont d'accord avec les mœurs, ce qui arrive rarement. La paix ne réside que dans la confiance qui doit prévaloir et qu'il faut rétablir dans la famille industrielle. « Si les hommes se rencontrent, s'ils unissent leurs efforts en vue d'intérêts communs, s'ils sont résolus à faire, vis-à-vis les uns des autres, tout ce qui est juste, tout ce qui est sage ; si, dans ces vues, ils sont assez habiles pour écarter les meneurs et pour déclarer résolument qu'ils veulent faire eux-mêmes leurs affaires, ils sont par avance assurés de s'entendre, et alors l'harmonie dans l'industrie ne sera plus un rêve. »

Le Socialisme et l'industrie, 1894, broch. in-8°, 22 p. [Extrait de la *Réforme sociale*, 15 juin 1894.]

L'auteur constate l'entraînement actuel vers le socialisme révolutionnaire, étatiste ou chrétien. Tout aboutit à l'absorption des forces vives de la race par l'État et à l'anéantissement de l'initiative privée. Il oppose, d'une part, les revendications violentes, les grèves du Nord et du Pas-de-Calais avec les politiciens étrangers à la profession, et d'autre part, les difficultés de l'industrie en raison de l'énormité des capitaux fort aventurés avec le nombre des affaires qui échouent. Il montre que les chefs d'industrie comprennent les dangers et les devoirs de la situation actuelle ; et il énumère les efforts faits pour améliorer la vie de l'ouvrier à son foyer et dans son ménage, pour faire l'éducation professionnelle et économique, pour promouvoir la prévoyance.

Les Conseils d'usine.— Patronage et socialisme, 1895, broch. in-8°, 43 p. [Extrait du *Génie civil.*]

Instructive revue de tout ce qui a été tenté notamment en Angleterre par M. Mundella dès 1860 avec les conseils de conciliation ; en France, par la Société des Ingénieurs civils en 1872 ; en Belgique à Mariémont en 1876 par M. Julien Weiler, avec les chambres d'explication. L'auteur, avec la longue expérience acquise dans la direction de grands ateliers, montre que l'efficacité de ces organismes ne doit pas tendre à entraver ou à limiter l'autorité patronale indispensable à la gestion éclairée, mais au contraire à la seconder en écartant les causes de conflit par des ententes préalables et de franches explications. Echangées régulièrement dans la vie quotidienne de l'usine, celles-ci ont une tout autre portée pacificatrice que les efforts de conciliation ou d'arbitrage tentés seulement à l'heure des crises violentes. L'auteur rappelle aussi les travaux de la Commission royale en Belgique avec le projet de loi préparé par M. V. Brants, et discute l'organisation des Conseils de l'industrie créés sur la proposition de M. Frère-Orban. Il rend hommage aux vues généreuses de M. le comte de Chambrun sur la multiplication des conseils d'usine, et termine en indiquant à quelles conditions ces institutions peuvent être des instruments de paix en aidant l'action libre et bienfaisante du patronage.

Retraites organisées par les Compagnies houillières au profit des ouvriers mineurs, 1895, broch. in-8º, 36 p.; rapport présenté au Congrès des sociétés savantes, avril 1895. [Extrait des *Mémoires de la société des Ingénieurs civils*, mai 1895.]

Le mémoire comprend deux parties distinctes, quoique intimement liées : 1º une étude détaillée, faite au nom du comité technique de la Ligue nationale de la prévoyance et de la mutualité, sur les caisses de retraites organisées par les compagnies houillères pour leurs ouvriers ; 2º un examen critique, fait au nom personnel de l'auteur, des conséquences morales et financières de la loi du 29 juin 1894 sur les retraites des ouvriers mineurs. Les exemples analysés avec détail dans la première partie (Compagnies d'Anzin, du Nord, du Pas-de-Calais, Houillères de la Loire, Bessèges, Creusot,

Blanzy) suffisent à prouver que les institutions de retraites, nées spontanément et librement développées, sont dans notre pays très largement répandues, plus même que partout ailleurs, et « le placent ainsi au premier rang entre toutes les nations, au point de vue spécial du patronage. » Quant à la deuxième partie, l'auteur concentre ses critiques sur les points principaux : inutilité d'une loi spéciale pour les Compagnies minières, puisqu'on reconnaît qu'elles ont fait d'elles-mêmes ce que la loi prétend seulement sanctionner ; injustice des dispositions visant une catégorie particulière de citoyens ; difficultés d'exécution qui font retarder d'année en année la mise en vigueur, critique de l'obligation, examen des mesures transitoires, fécondité du patronage libre, conséquences financières de la loi, nombre des pensionnés triple de la prévision, tendance dangereuse à étendre la loi aux autres industries. Conclusion : impossibilité d'immobiliser les fonds de retraite d'une population entière, donc attendre les résultats de la loi avant d'en étendre l'application.

Unions de la Paix sociale de Bourbonnais, Berri, Nivernais, Auvergne et Velay. Discours et communications aux réunions régionales. Paris, au secrétariat des Unions ; in-8°.

Allocution d'ouverture à Montluçon (1884). — Le Patrimoine de l'ouvrier (Moulins, 1885).— La Société coopérative de consommation des Forgerons de Commentry (Nevers, 1886). — Des grèves et du rôle des patrons (Bourges, 1887). — La méthode de Le Play et les sociétés qu'il a fondées (Clermont-Ferrand, 1888). — Liberté et socialisme (Brioude, 1889).

II.

AUTRES ARTICLES PUBLIÉS PAR DIVERS RECUEILS PÉRIODIQUES, ET NON REPRODUITS EN LIVRES OU EN BROCHURES.

Mémoires de la Société des Ingénieurs civils :

Note historique sur l'emploi des gaz des Hauts Fourneaux (1872, p. 662-682). — [Aperçu général ; considérations historiques ; description détaillée des divers systèmes et des installations les plus perfectionnées.]. — Note nécrologique sur M. Augustin Evrard (1872, p. 760-786). — [Revue complète des travaux techniqnes qui ont marqué dans la carrière de l'ingénieur et du professeur.]

Le Génie civil :

Études statistiques sur l'industrie de l'Alsace (t. VI, 1884). — Graissage des machines à vapeur (t. IX, 1886). — Économie politique et sociale (t. X, 1886). — Utilité d'un cours d'économie industrielle dans l'enseignement technique supérieur, et notamment à l'École centrale des arts et manufactures (t. XVI, 1889). — La Société française des habitations à bon marché (t. XVI, 1890). — Des assurances (t. XVI, 1890). — Matériel et procédés de l'exploitation des mines à l'Exposition de 1889 (t. XVII, 1890). — Les accidents du travail, nouveau projet de M. le ministre du commerce et de l'industrie (t. XVIII, 1891). — Les budgets comparés des cent monographies de famille publiées dans les « Ouvriers européens » et les « Ouvriers des deux mondes » (t. XIX, 1891). — Les caisses d'assurances mutuelles contre les accidents du travail (t. XIX, 1891). — Notice biographique sur Léonce Chagot, et : M. Léonce Chagot et les institutions ouvrières aux mines de Blanzy (t. XXIII, 1893). — Les revendications ouvrières en France (t. XXV, 1894). — Loi sur les retraites des mineurs. Loi d'assurance obligatoire en Allemagne. Les devoirs de l'industrie et ses actes (id.) — Institutions patronales de la maison Muller et Roger (id.) — Les lois d'assurance obligatoire à propos d'un nouveau livre de M. Bellom (t. XXVII, 1895). — Le contrat de travail (id.) — Les institutions patronales, leur état actuel et leur avenir (id.) — Le projet de loi sur les accidents du travail et le Comité central des houillères de France (id.)

La Réforme sociale :

L'industrie en Alsace, d'après un livre récent de M. Ch. Grad (1er avril, 1884). — La compagnie houillère et les ouvriers de Mariémont et Bascoup (1er octobre 1884). — Les institutions patronales et leurs services pendant les crises industrielles (1er février 1886). — L'autorité des patrons et les grèves (1er juillet 1886). — Une monographie de commune : Châtel-Guyon et ses habitants (1er novembre 1886). — Un mot sur la Société coopérative des Forgerons de Commentry (16 mai 1888). — Le devoir des compagnies houillères et les victimes du grisou (1er janvier 1889). — Le travail et ses épreuves (16 janvier 1886). — Quelques vérités sur le salaire, par un ancien ouvrier (1er juin 1889). — Les saisies sur salaires (16 décembre 1889). — Sur le repos du dimanche (16 février 1890). — Allocution à la Société d'économie sociale (16 avril 1890). — La sécurité du travail dans l'industrie ; communication à la Société d'économie sociale (16 mai 1890) [fécondité des mesures de prévention des accidents, sous le contrôle des syndicats d'industriels]. — La propagande par les réunions régionales (1er juillet 1890). — Les accidents du travail et l'industrie, rapport présenté au Congrès de la Société d'économie sociale et des Unions (16 juillet 1890) [étude de la réparation des accidents : pour les cas les plus nombreux, les caisses de secours suffisent ; pour l'invalidité et les pensions, recours à l'assurance libre, avec garantie complète sous le contrôle de l'État]. — L'influence des politiciens dans les grèves (16 septembre 1890). — Avantages et inconvénients des sociétés anonymes (1er février 1891). — Le patronage et la participation aux bénéfices (1er avril 1891). — L'arbitrage entre patrons et ouvriers (16 avril 1891). — L'action des meneurs dans les grèves (16 octobre 1891). — Sur l'assurance obligatoire (1er février 1892). — Discours présidentiel à la Société d'économie sociale (16 avril 1892). — Allocution à la réunion annuelle (1er juillet 1892). — La Compagnie de Saint-Gobain et ses institutions patronales (1er juillet 1892). — Allocution à la Société d'économie sociale (16 janvier 1893). — Sur les ouvriers anglais (id.) — Les meilleures pratiques de la paix dans l'industrie (16 juillet 1894). [Les patrons, non les lois, peuvent assurer la paix, mais en se donnant eux-mêmes; conditions de l'harmonie, formulées par Le Play, vérifiées par les faits ; règlements d'usine, prévention des accidents, fixation des salaires, etc.] — Sur la mine aux mineurs et le socialisme (1er janvier 1896).

Bulletin de la Société d'encouragement pour l'industrie nationale :

Sur la comptabilité industrielle (t. VI, 1891). — La paix des ateliers (t. VII, 1892). — Sur l'inventaire des sociétés industrielles (id.) — Travaux de M. Gruner sur les accidents du travail (id.)

Le repos du dimanche, bulletin catholique mensuel :

Le repos du dimanche et l'industrie (nos de juin, juillet, octobre, décembre 1890, janvier, avril, octobre 1891).

[De ce travail l'auteur, désireux de donner un loyal concours à toutes les associations qui revendiquent le repos dominical, a extrait deux rapports qu'il a présentés sous le même titre : l'un, au Congrès national de la Ligue populaire pour le repos du dimanche en France, Paris, 1892; l'autre, au Congrès international pour le repos du dimanche, Chicago, 1893.]

I. — A PARIS.

Un service funèbre a été célébré le mardi 10 mars 1896 dans l'église Saint-François-Xavier, à Paris, en présence d'une nombreuse assistance, en tête de laquelle étaient représentées la Compagnie de Châtillon-Commentry et les Sociétés auxquelles M. A. Gibon avait appartenu.

M. H. RÉMAURY, au nom de l'École centrale et du *Génie civil*, a pris la parole :

MESSIEURS,

Un deuil récent, dû à la perte d'un illustre beau-frère, Ambroise Thomas, connu de vous tous, m'aurait imposé le silence et le recueillement, si le conseil d'administration du *Génie civil* n'avait pensé que son Président devait faire une exception et venir dire, en son nom, le dernier adieu à l'ingénieur, à l'ami et au collaborateur.

La vie d'Alexandre Gibon a été simple et lumineuse, celle d'un homme ne connaissant que le travail, le devoir et la famille.

Ancien élève de l'École centrale des arts et manufactures, il appartenait à la promotion de 1843, qui compte encore un certain nombre d'ingénieurs distingués et vaillants comme il l'était depuis sa sortie de l'école.

Il passa ses premières années d'application, de 1843 à 1848, dans diverses industries, l'usine à gaz d'Arras, les ateliers de construction de la maison Hallette à Arras, pour laquelle il établit un petit chemin de fer atmosphérique expérimental à Londres ; c'est en 1848 qu'il se voua à la carrière métallurgique en passant d'abord trois ans, de 1848 à 1851, aux forges de Bourges et de Rosières, un an (1851 à 1852) aux forges de Saint-Paul à Ars-sur-Moselle, dont j'ai été moi-même l'ingénieur-directeur à partir de l'année 1857.

Après avoir dirigé les importantes usines de Montataire, de 1852 à 1857 comme sous-directeur, et de 1857 à 1863 comme directeur, il fut nommé directeur des forges de Commentry et il resta à leur tête pendant près de 27 ans consécutifs, de 1863 à 1889, époque à laquelle il vint se fixer à Paris, en demeurant attaché à la Compagnie anonyme de Châtillon et Commentry avec le titre d'ingénieur-conseil.

On peut rappeler aux jeunes ingénieurs Alexandre Gibon comme un modèle d'activité et de persévérance. Le premier levé, le dernier couché dans son usine, il donnait à tous l'exemple du dévouement et payait constamment de sa personne.

En 1869, il fut nommé chevalier de la Légion d'honneur, récompense bien méritée non seulement par ses travaux techniques professionnels, mais aussi par la haute conception de ses devoirs envers une nombreuse population ouvrière placée sous ses ordres.

MM. Cheysson et Delaire vous parleront, après moi, de ses efforts et de son action pour améliorer le sort des travailleurs en recourant à la coopération et en faisant appel à l'initiative privée ; il réussit, à force de courage et de volonté, dans un milieu peu favorable aux essais de ce genre, et il montra aux anciens tributaires du commerce douteux et du cabaret le chemin de la prévoyance et de l'épargne qui devaient les relever, les affranchir et en faire des hommes libres.

C'était un grand bienfait et un noble exemple dont se sont inspirés d'autres ingénieurs, chargés de la même responsabilité envers leurs ouvriers. J'ai été de ceux que sa persévérance encourageait dans un but humanitaire, et je suis heureux d'en apporter ici le témoignage devant les parents affligés et les nombreux amis de celui qui n'est plus, mais dont les œuvres et les tendances survivront, en marquant aux jeunes ingénieurs une trace libérale et féconde et une voie nécessaire dans laquelle ils pourront s'engager après leurs aînés.

Il me reste à remercier, au nom du conseil d'administration du « *Génie civil* », du comité de direction et du comité supérieur de rédaction, un de leurs membres les plus zélés ; pendant 6 ans, de 1890 à 1896, il nous donna son concours le plus complet et le plus désintéressé. J'ajoute que, comme ingénieur et écrivain militant, Alexandre Gibon laisse un nom ineffaçable.

Puisse notre faible hommage adoucir les regrets de sa famille et de ses amis !

M. DELAIRE, secrétaire général de la Société d'Économie sociale, a pris la parole en ces termes :

C'est au nom de la Société d'Économie sociale, dont M. A. Gibon fut le président, au nom des Unions de la Paix sociale, qui ont trouvé en lui le plus dévoué des correspondants, au nom de la *Réforme sociale*, dont il resté jusqu'au dernier jour le collaborateur éclairé, que nous apportons ici l'expression de notre douleur émue. Celui qui vient de succomber, avec la sérénité calme du chrétien, après une douloureuse maladie, où dès la première heure il avait senti l'appel de Dieu, nous appartenait depuis un quart de siècle. Il avait été l'un des premiers à se joindre à F. Le Play, après l'année terrible, pour fonder les Unions ; et depuis lors, il n'a cessé de servir l'École de la paix sociale avec le plus fidèle et le plus absolu dévouement. Sa mort laisse dans nos rangs un vide irréparable.

Ancien élève de l'École centrale des arts et manufactures, comme on vient de le rappeler, M. A. Gibon commença sa carrière d'ingénieur au milieu du siècle. D'abord attaché aux Forges de Rosières, pendant quelques années sous-directeur, puis directeur à Montataire, il fut vingt-sept ans à la tête des Forges de Commentry, et resta jusqu'à la fin de sa vie ingénieur-conseil de la Compagnie de Châtillon-Commentry. Il ne fut pas seulement un ingénieur éminent, habile directeur de ces puissants ateliers métallurgiques : il fut surtout un grand patron, chef dévoué et respecté d'une nombreuse famille ouvrière.

Il était vraiment de ceux que Le Play nommait des « autorités sociales », gardiennes de la coutume, et auxquelles l'auteur des *Ouvriers européens* demandait les plus sûres leçons de l'expérience. C'était bien un de ces hommes rares qui, par l'ascendant des vertus privées, par la prudence d'un jugement éclairé, par les efforts d'une sollicitude constante, savent assurer à ceux qui les entourent le bien-être et la paix sociale. Aussi est-ce à cause de la double autorité que lui donnaient le maniement des affaires de l'industrie et l'accomplissement des devoirs du patronage, que M. Gibon a été un maître écouté dans la discussion des questions sociales. C'est toujours au point de vue pratique qu'il avait coutume de se placer pour étudier ces difficiles problèmes, s'attachant avant tout à leur aspect moral. L'une de ses plus fécondes créations date presque de son arrivée au milieu des forgerons de Commentry, qu'il affranchit de l'usure et de l'endettement par la fondation de cette belle société coopérative, toujours prospère, souvent imitée ailleurs, et qui a tant fait parmi eux pour améliorer la condition matérielle et développer les habitudes d'ordre. Il aimait les ouvriers comme il en était aimé, et quand les événements, plus forts que les hommes, l'ont tout à coup et avant l'heure séparé de sa famille ouvrière, ce fut une dure épreuve qui marqua pour lui le commencement de la vieillesse.

Presque dès le début de sa carrière industrielle, alors que l'attention commençait à peine à s'éveiller sur les questions sociales, M. Gibon s'attachait déjà à scruter tout ce qui concerne les rapports des patrons et des ouvriers. Et dès 1872 nous le voyons à la Société des ingénieurs civils dans la première commission qui s'occupait de conciliation et d'arbitrage. C'est à cette époque qu'il connut Le Play et devint membre fondateur des Unions de la paix sociale. Personne n'a fait autant que lui pour leur gagner de nombreux adhérents, pour fonder des groupes autonomes et vivants, pour en développer l'influence dans le centre de la France. On n'a point oublié les réunions régionales qu'il organisait avec tant de zèle et de succès, dès 1884, à Montluçon, à Moulins, à Nevers, à Bourges, à Clermont-Ferrand, à Brioude, etc., sachant susciter pour chacune d'elles à la fois d'intéressantes enquêtes locales, et des concours précieux et dévoués.

Devenu membre de la Société d'économie sociale en 1882, il entra bientôt dans son conseil pour ne plus le quitter. Il présida notre session de 1892. La Société d'économie politique l'élut en 1886. Ramené à Paris par ses fonctions à la Compagnie de Châtillon-Commentry, c'est surtout dans la *Réforme sociale* et le *Génie civil*, devant la Société d'économie sociale qu'il suivait assidûment, devant la Société des ingénieurs civils que tant de souvenirs lui rendaient chère, devant le Congrès des Sociétés savantes aussi, qu'il étudiait toujours avec une compétence reconnue et avec la plus loyale indépendance : les grèves et l'arbitrage, les accidents du travail, la participation aux bénéfices, les caisses de retraite, la liberté du travail, le patrimoine de l'ouvrier, le socialisme et l'industrie, etc.

En aucun temps, M. Gibon, pour sa vie ou pour ses études, ne s'était contenté des lueurs tremblantes de la science humaine : il s'était toujours élevé davantage, demandant à une lumière plus haute des clartés plus sûres, et il a donné, avec la modestie voulue de ses habitudes, les exemples les plus fortifiants de la pratique chrétienne. Aussi se plaisait-il, dans la féconde activité de ses dernières années, à prêter un concours toujours désiré aux œuvres catholiques dans lesquelles il retrouvait d'intimes amitiés : telles, la Société catholique d'économie politique et sociale, l'Assemblée des catholiques, l'Association pour le repos et la sanctification du Dimanche.

Unis au deuil des siens, gardant dans notre mémoire un souvenir respectueux et cher, nous aimerons à nous rappeler cette existence tout entière vouée au labeur, toujours soutenue par la foi, sans cesse tournée vers le bien. C'est par les exemples de sa bonté active et dévouée que M. Gibon restera vivant parmi nous : c'est son esprit, c'est son cœur, c'est son âme ; cette part de lui-même ne périra point.

M. CHEYSSON, inspecteur général des Ponts-et-Chaussées, a prononcé le discours suivant :

L'excellent ami que nous venons de perdre, M. Alexandre Gibon, est né à Cambrai le 13 août 1820. Après avoir fait ses études au collège de cette ville, il est entré en 1840 à l'École centrale des Arts et Manufactures et il en est sorti en 1843, avec le diplôme de métallurgiste. Attaché successivement à l'usine à gaz d'Arras, aux ateliers de M. Hallette, aux forges de Rosières, à celles de MM. Dupont et Dreyfus à Ars-sur-Moselle, dont il construisit les importantes usines, puis à celles de Montataire, qu'il a dirigées de 1857 à 1864, il est passé, en février 1863, comme directeur des forges de Commentry, au service de la Cie de Châtillon-Commentry, qu'il ne devait plus quitter. Il est demeuré en cette qualité à Commentry pendant plus de vingt-six ans, de 1863 à 1889. A cette dernière date, il a abandonné ces fonctions actives, mais en restant attaché à sa compagnie à titre d'ingénieur-conseil, en résidence à Paris.

C'est donc au milieu de ses forges qu'il a passé la meilleure partie de sa vie ; c'est là qu'il a conquis sa réputation d'ingénieur et de patron ; c'est là, enfin, au contact des réalités industrielles et sociales, qu'il a puisé cette profonde expérience et ces convictions fortes, dont tous ses écrits portent la lumineuse empreinte. Ils varient par leurs sujets : le salaire, les accidents, le patrimoine de l'ouvrier, les grèves, la participation aux bénéfices, la paix des ateliers ; mais ils pivotent tous autour d'une même idée maîtresse, celle des devoirs et du rôle du *patronage*.

M. Gibon se faisait du patron une conception très haute. Pour lui, comme pour Engel-Dolfus et comme pour tous les lauréats des expositions d'économie sociale, le patron n'est pas quitte envers ses ouvriers quand il leur a payé le salaire convenu ; ses rapports avec eux ne se bornent pas à une opération purement économique de vente et d'achat de main-d'œuvre : tout n'est pas fini quand cette prétendue marchandise a été livrée et soldée. Un atelier n'est pas une halle banale où l'on se coudoie pour s'oublier aussitôt après l'échange du service qui a produit un rapprochement momentané : c'est une famille agrandie, dont le patron doit être le père. Comme tel, il est strictement tenu de veiller à la sécurité de ses ouvriers, d'améliorer leur situation matérielle et morale, de lier leur bien-être et leur satisfaction à la prospérité de son usine. « L'atelier, a dit M. Gibon, est l'unité dans l'industrie, comme la famille est l'unité dans la société ; c'est l'affection et le dévouement réciproque qui assurent la paix et le bonheur. » Il ne voulait pas, d'ailleurs, que ce lien, même celui des services rendus, pût devenir une chaîne. « L'ouvrier est libre et doit rester libre de faire de son gain ce qu'il juge le mieux. » — « On ne saurait, concluait-il, imposer le bien ; pour l'obtenir, il faut convaincre ; nous avons la ferme intention de convaincre ; nous sommes pénétré de la pensée que c'est là le rôle, le devoir du patron. »

Pour convaincre, M. Gibon affirmait que les institutions patronales, mêmes le plus libéralement dotées et le plus correctement agencées, ne suffisent pas, si l'on n'y ajoute « le don de soi-même ». — « On ne convaincra l'ouvrier, disait-il encore, que si on se rapproche de lui et si on le rapproche de soi, en lui témoignant de l'estime, de l'affection et de la considération. »

C'est à ce rapprochement qu'il faisait appel, bien plutôt qu'aux mesures législatives auxquelles il ne croyait guère. D'après lui, « les lois sociales ne font pas la paix sociale ».

Douloureusement ému par les grèves, ces explosions violentes d'un état latent d'antagonisme, il les étudiait avec la conscience du médecin qui, penché sur le corps humain, cherche dans les profondeurs des organes le mal dont ils sont atteints pour en découvrir le remède. Il nous a ainsi tracé, de plusieurs grèves, des monographies qui sont de véritables modèles d'observation impartiale et pénétrante, et qui se terminent par l'exposé de ses idées sur l'arbitrage et la conciliation.

C'est un sujet qui lui tenait fort à cœur et sur lequel il est revenu à plusieurs reprises. Dès 1872, il avait participé aux travaux d'une commission nommée par la Société des Ingénieurs civils et dont les conclusions sont encore aujourd'hui utiles à méditer. Depuis lors, il n'a cessé de creuser cette question, en insistant sur la nécessité de contacts permanents entre les patrons et les ouvriers. On y gagne, disait-il, de se voir de part et d'autre, tel qu'on est et non tel qu'on se figure ; les préventions injustifiées se dissipent et l'on acquiert graduellement un capital de confiance réciproque, dont on est heureux de tirer parti au moment des crises, quand elles viennent à s'abattre sur l'industrie.

A son avis, « c'est aux chefs d'industrie qu'il appartient de faire le premier pas ; le moyen n'est pas unique, il y en a mille, ils varient à l'infini ; mais, quels que soient ceux qu'on jugera convenables, tous doivent avoir le même but : établir le contact. On ne peut le faire sans courage ni sans vertu. »

Ce courage et cette vertu qu'il recommandait aux autres, notre collègue les a pratiqués au plus haut degré ; cet idéal qu'il exposait par la plume et par la parole, il a su le réaliser dans son usine de Commentry. Quand il y arriva, en février 1863, il trouva dans son bureau plus de cinq cents oppositions formées contre les ouvriers. Près de la moitié du personnel était ainsi obérée de dettes et tenue, vis-à-vis des fournisseurs locaux, dans une dépendance qui ressemblait à une véritable servitude. Son premier soin est d'émanciper ses ouvriers, en les aidant par des avances à se libérer envers leurs créanciers. C'était un heureux début qui fit, on le comprend sans peine, une profonde sensation et assit la réputation sociale du nouveau directeur. Depuis lors, il ne cessa de témoigner à ses ouvriers une bienveillance paternelle, qui se traduisait dans les mille incidents de chaque jour, et qu'il savait allier à la fermeté et à l'autorité dont il a toujours revendiqué la plénitude pour le chef d'industrie.

N'étant pas de ceux qui se résignent facilement aux souffrances des autres et qui acceptent les accidents de l'industrie avec une sorte de fatalisme passif, comme un tribut irréductible à payer au malheur, il appliquait les précautions les plus ingénieuses afin de mettre ses ouvriers à l'abri même de leur propre imprudence. Cette question des accidents, à laquelle il avait touché de près, l'occupait, on pourrait même dire le hantait, comme elle hante tous ceux qui ont ramassé sur le champ de bataille de l'industrie des ouvriers mutilés à leur travail, et c'est une de celles sur lesquelles il a multiplié les études, les critiques et les propositions.

Il a eu le grand honneur d'être l'un des premiers en France à pressentir et à démontrer le parti qu'on pouvait tirer de la Société coopérative de consommation, non seulement pour réduire la dépense quotidienne du ménage ouvrier, mais encore pour l'inciter à l'épargne et à la prévoyance. La Société de Commentry est devenue classique dans notre pays et on ne manque jamais de la citer, quand on touche à l'histoire de la coopération.

Dans une étude fort attachante qu'il a consacrée à cette institution, il fait connaître qu'en vingt ans, de 1867 à 1886, le chiffre total de ses affaires s'est élevé à 13.466.727 francs, et que celui des bénéfices distribués aux adhérents a été de 1.254.119 francs ou de 9,2 p. 100.

Ainsi, grâce à son initiative et à sa gestion, cette somme de 1.250.000 francs a été répandue à titre de bonis inespérés dans la population, et lui a permis la constitution de l'épargne, l'acquisition du bien-être, en un mot, l'ascension sociale. Entre le personnel obéré de 1862 et celui de 1887, quel contraste ! et quelle démonstration péremptoire de l'influence exercée par un bon patron !

Pour l'accomplissement de son devoir patronal, M. Gibon puisait ses inspirations à la source même d'où découlent le respect et la pratique de tout devoir : c'était un chrétien et un homme de foi. Ce sentiment profond l'a soutenu dans tous les actes de sa vie et en fait la belle unité. Il aimait son prochain comme lui-même, et c'est pourquoi il a été un patron modèle. Il était convaincu que tout détenteur d'une supériorité sociale doit se la faire pardonner en remplissant les devoirs qu'elle impose, que tout pouvoir oblige, et que chacun de nous doit en proportion de ce qu'il peut.

Dans ce temps où l'argent joue un si grand rôle, il a su répudier cette servitude et en préserver intact son idéal moral. Cet idéal, qui lui servait en quelque sorte de phare dans la vie, transparaissait dans la manière scrupuleuse dont il s'acquittait de toutes ses obligations, non seulement de celles qui sont hautement impératives, mais encore de celles dont le rang est plus modeste et le caractère plus facultatif.

Depuis qu'il s'était installé à Paris, il s'était laissé enrégimenter dans un grand nombre de sociétés savantes ou philanthropiques, qui toutes se disputaient son concours. Au lieu de considérer, ainsi qu'on le fait trop souvent, cette affiliation comme un luxe purement décoratif, il la prenait au sérieux et remplissait avec un soin consciencieux toutes les charges, même bénévoles, qu'elle lui imposait. Membre du conseil du *Génie civil*, de la *Société d'économie politique*, de la *Société catholique d'économie politique*, du *Comité technique de la Ligue de la prévoyance et de la mutualité*, de l'*Association pour le repos et la sanctification du dimanche*, du conseil de la *Société d'encouragement pour l'industrie nationale*, membre et président de la *Société internationale d'économie sociale*, il a rendu à toutes ces institutions des services dont elles garderont longtemps le reconnaissant souvenir. Membre fondateur des *Unions de la paix sociale*, il a su leur gagner dans le centre de la France des adhérents nombreux, et former autour de lui des groupes autonomes et vivants. Il était partout le même homme, bienveillant et appliqué, ne négligeant rien et relevant par la notion supérieure du devoir les moindres détails, dès qu'il en sentait la responsabilité peser de près ou de loin sur lui. Il représentait en un mot le type de ces « autorités sociales » qui rayonnent sur leur entourage par l'ascendant de leur prudence, de leur sagesse et de leur vertu.

Sévère pour lui-même, M. Gibon était indulgent et souverainement bon pour les autres. Tous ceux qui l'ont approché ont été frappés de son aménité et du charme de son commerce. Quant à ses amis, qui ont joui des trésors de son cœur, il leur est difficile d'exprimer toute la peine que sa perte leur fait éprouver. Dans ses recommandations dernières à ses enfants, il leur a rappelé que l'homme ne vaut que par le dévouement, l'amour et la vertu. Ces « mots suprêmes, » qui avaient été la devise de sa vie, en sont en même temps l'éloquent résumé. Aussi, devrons-nous garder soigneusement la mémoire de cet homme de bien, qui laisse à ses amis d'impérissables regrets.

II. — A MONTLUÇON.

Le mercredi 11 mars, un service solennel, suivi de l'inhumation, a eu lieu à Montluçon. Toutes les usines de la ville, les forges et les usines de Commentry, etc., étaient représentées par leurs directeurs et des délégations de leur personnel.

M. JOSEPH TEILLARD, ingénieur, président de l'Association amicale des anciens élèves de l'École centrale des arts et manufactures (groupe du Centre), a pris la parole en ces termes :

MESSIEURS,

Le groupe du Centre de l'Association amicale des anciens élèves de l'École centrale des arts et manufactures doit à son ancien président, à son éminent président honoraire, le suprême hommage de son affection et de sa reconnaissance.

C'est en son nom, et je puis le dire sans témérité, c'est comme interprète de tous les membres de la grande famille de l'École centrale où M. Gibon était unanimement estimé et respecté, que je veux rappeler brièvement, sur cette tombe, sa vie laborieuse et si bien remplie.

Si de pieuses convenances de famille ont ramené sa dépouille mortelle à Montluçon, près de Commentry où s'est écoulée la plus longue et la plus active période de sa carrière, M. Gibon appartenait, par sa naissance, à cette industrieuse région du Nord où le travail est, plus que partout ailleurs, la loi générale dans toutes les classes de la société.

M. Gibon naissait à Cambrai en 1820, et à l'âge de 12 ans perdait ses parents, emportés par le choléra en 1832. Il restait seul au monde avec une sœur. Cette dure épreuve devait mûrir le caractère de l'enfant et le prédisposer aux études sérieuses, dont le couronnement fut son entrée à l'École centrale en 1839. Il en sortait en 1843 avec le diplôme d'honneur d'ingénieur métallurgiste.

Pendant quelques années, le jeune ingénieur, comme il arrive souvent aux élèves de notre École, chercha sa voie. Il dirigea d'abord à Arras l'usine à gaz, puis fut ingénieur des ateliers de M. Hallette, constructeur de machines ; en cette qualité, il fut appelé à construire à Londres, de 1847 à 1848, un petit chemin de fer atmosphérique d'expérience.

Mais il ne tarde pas à revenir à sa vocation définitive : la métallurgie. En 1848, il est nommé ingénieur de la compagnie des forges de Rozières, près Bourges ; il devient ensuite directeur de cette compagnie, et est chargé de sa liquidation en 1851.

Il construit, de 1851 à 1852, l'usine métallurgique Saint-Paul, chez MM. Dupont et Dreyfus, à Ars-sur-Moselle. Il passe ensuite aux forges et fonderies de Montataire, dont il ne tarde pas à devenir le directeur. Dix ans de sa vie se passent dans cette importante usine où ses études sur divers procédés de fabrication, et notamment le perfectionnement de l'étamage des tôles minces pour la fabrication des fers-blancs, attirèrent l'attention sur lui.

Aussi, en 1863, la compagnie des forges de Châtillon et Commentry lui confiait-elle la direction de ses importantes usines de Commentry, et c'est là que M. Gibon, parvenu à la maturité des forces et du talent, allait donner la mesure de son activité, et de ce que j'appellerai sa passion d'être utile.

Ce qu'a été M. Gibon à Commentry, Messieurs, toute cette région en a été le témoin, et n'en a pas perdu le souvenir.

Marié de bonne heure avec Melle Vasseur, fille d'un maître de forges d'Anzin, M. Gibon avait trouvé dans le bonheur domestique le meilleur soutien de l'activité de sa vie exté-rieure et publique. Son temps se partageait entre la vie de famille et la direction de son usine. Mais M. Gibon ne savait pas se contenter d'être l'ingénieur expérimenté à qui une longue pratique et des études incessantes ont rendu relati-vement facile la lourde gestion d'une grande entreprise industrielle. Voyant dans ses ouvriers, non des outils de production, mais des collaborateurs, il s'ingéniait à chercher les moyens d'améliorer leur sort et de les préserver des risques inséparables de leur condition.

Les études sociales qui le passionnaient le conduisaient à étudier les solutions pratiques des problèmes industriels : question des salaires, participation aux bénéfices, assurance et responsabilité des accidents, institutions patronales ; et elles l'amenaient à créer, au profit des ouvriers de ses usines, une Société coopérative de consommation dont, avec un dévouement méritoire, il avait voulu partager les risques, et dirigeait personnellement, — j'ai eu l'occasion d'en avoir la preuve — les moindres détails d'administration.

Aussi, pendant les vingt-sept ans que M. Gibon a passés à la tête des établissements de Commentry, la Compagnie n'a pas eu à subir le fléau des grèves, et son Directeur a pu se féliciter d'avoir maintenu la paix sociale dans cet important centre ouvrier.

La paix sociale ! C'était bien la préoccupation constante de notre regretté camarade ; et je n'étonnerai aucun de ceux qui l'ont approché en rappelant avec quelle patiente insistance il cherchait à recruter des adhérents à l'École de Le Play, l'illustre économiste dont la méthode d'observation rigoureuse des faits sociaux plaisait à son esprit positif, et lui semblait la meilleure voie pour amener tous les esprits loyaux, de quelque opinion qu'ils fussent, à la reconnaissance des principes essentiels dont dépendent la stabilité comme le progrès des sociétés.

En 1889, l'administration de Commentry donnait à M. Gibon une retraite bien méritée, en l'appelant aux fonctions d'ingénieur-conseil de la Compagnie, à Paris. Mais M. Gibon a su remplir par des activités nouvelles cette période de repos relatif.

Membre de la Société d'économie politique, membre du Conseil de la Société d'économie sociale, membre fondateur de la Société des Ingénieurs civils, M. Gibon apportait à ces diverses études le concours de son expérience et de son autorité, et trouvait le temps de collaborer au *Bulletin de la Société des Ingénieurs civils*, à la *Réforme sociale*, à la revue technique *Le Génie civil*, au *Repos du dimanche*, etc.

Tel était l'emploi de cette vigoureuse vieillesse, dont l'activité n'aurait laissé croire à personne que celui qui prenait sa part de tant de travaux avait dépassé soixante-quinze ans.

C'est en plein travail qu'une congestion pulmonaire l'a tout à coup saisi dans les derniers jours de janvier. Dès le début, le mal a paru sans remède, et, après quelques alternatives de crainte et d'espoir, la mort est venue prendre l'infatigable travailleur. Mais elle ne l'a pas pris au dépourvu. L'esprit élevé de M. Gibon l'avait conduit depuis longtemps aux pratiques de la foi chrétienne.

Ce n'est pas dans les vains éloges adressés à sa mémoire, c'est dans la certitude qu'il a trouvé la récompense de ses vertus auprès du Dieu juste et bon, où ils espèrent le retrouver un jour, que ses enfants et les amis qui le pleurent puisent, en ce jour cruel, leur plus sûre et leur meilleure consolation.

M. MESURÉ, ingénieur-directeur des Usines Saint-Jacques de Montluçon :

Je viens simplement, au nom du personnel de la Compagnie de Châtillon et Commentry, dire un dernier et affectueux adieu à M. Gibon, et rendre un dernier hommage à sa carrière si honorable et si méritante.

M. Gibon s'était déjà signalé dans la direction des Forges de Montataire, lorsqu'en 1863 le Conseil d'administration de notre Compagnie lui confia la direction des Usines de Commentry. Il s'y distingua, dès le début, par les développements qu'il donna à ses usines, notamment en y implantant l'industrie du fer-blanc. Plus tard, il apportait à la fabrication et au matériel diverses transformations, dont plusieurs particulièrement remarquables.

Les qualités morales de l'homme n'étaient pas moindres que la compétence du technicien. Ceux qui l'ont connu, et spécialement ceux qui ont travaillé sous ses ordres, ont pu apprécier, à toute leur valeur, sa justice, sa bienveillance et la droiture de son caractère.

Il exprimait souvent sa sollicitude pour les intérêts matériels et moraux des ouvriers ; les soins incessants qu'il prenait de tout ce qui les touchait témoignaient de ses préoccupations à cet égard. Son dévouement pour la création et le fonctionnement d'une Société coopérative, bientôt florissante, en fut une des manifestations les plus considérables.

Lorsqu'en 1889, après plus de vingt-six ans d'une vie si active et si bien remplie à la Direction de Commentry, il éprouva le légitime désir de prendre un repos bien gagné, la Compagnie tint à ne pas se séparer de lui, et le nomma Ingénieur-conseil, avec la mission d'inspecteur des comptabilités. Il apporta dans ces fonctions une conscience scrupuleuse que chacun admirait.

Une résignation touchante dans sa dernière maladie, et la sérénité d'une fin chrétienne, sont venues couronner cette belle existence.

Dans la douleur que nous fait ressentir sa perte, nous avons du moins l'assurance que sa mémoire et ses exemples ne périront pas parmi nous, et la confiance que ses mérites ont reçu leur récompense.

Imprimé par Desclée De Brouwer et Cⁱᵉ. — Lille.